この本の特色

① コンパクトな問題集

入試対策として必要な単元・項目を短期間で学習できるよう，コンパクトにまとめた問題集です。直前対策としてばかりではなく，自分の弱点を見つけ出す診断材料としても活用できるようになっています。

② 当社オリジナル作成の1問1答を直前対策に

1問1答のページは，各単元の中でも特に重要な用語などについての問題が収録されています。入試直前の仕上げに効果的です。また，**問題文中の太字で大きく表した用語なども関連づけて覚えておくと効果は倍増**するでしょう。

③ 豊富なデータに基づく4択問題・実戦問

英俊社の「高校別入試対策シリー 題を分析し，「よく出る」問題を厳選してい 入試本番での得点アップにつなげてくださ

この本の内容

1 人物史

近道問題

▶▶▶▶ 1問1答 ◀◀◀◀ 次の ＿＿ に適当な語句を書きなさい。

1 古代～近世の重要人物

(1) ３世紀前半，中国の魏に使いを送り，金印や「親魏倭王」の称号を得た**邪馬台国**の女王とはだれか。

(2) ７世紀前半，仏教の信仰を図り，**法隆寺**を建てるなどした人物はだれか。

(3) 中臣鎌足らと蘇我氏を滅ぼし，**大化の改新**といわれる政治改革を断行し，後に即位して天智天皇となった人物はだれか。

(4) 奈良時代に仏教を厚く信仰し，ききんや伝染病，争いをしずめるために仏教にたよった政策を展開した天皇はだれか。

(5) 奈良時代に民衆の間に仏教を広め，橋やため池をつくるなど社会事業にも活躍し，**東大寺の大仏造営**にも協力した僧はだれか。

(6) ９世紀初め，唐に渡って仏教を学び，帰国して高野山に建てた金剛峯寺を中心に，**真言宗**を広めた僧はだれか。

(7) 藤原彰子（ふじわらのしょうし）に仕え，かな文字を使って長編小説『**源氏物語**』を著した人物はだれか。

(8) 10世紀の前半に関東地方で新しい国をつくろうとして朝廷に反乱をおこし，自ら「**新皇**」と称した人物はだれか。

(9) 10世紀後半から11世紀前半に４人の娘を天皇家に嫁がせ，天皇家との親戚関係を強めて**摂関政治**を展開した人物はだれか。

(10) 11世紀の終わりに，天皇に位を譲って政治の実権を握り，摂政や関白をおさえるための政治（**院政**）を始めたのはだれか。

(11) 12世紀の中ごろに武士で初めて太政大臣に就任し，**日宋貿易**をさかんにするなどした武将とはだれか。

(12) 平氏を滅ぼした後，対立した源義経や奥州藤原氏を滅ぼし，1192年に武士で初めて**征夷大将軍**に就任した人物はだれか。

⒀　1334年，年号を建武と改め，天皇自らが公家を中心とした政治（**建武の新政**）を行い，武士の不満をかった天皇とはだれか。

⒁　中国や朝鮮半島沿岸を荒らしまわっていた倭寇と正式な貿易船とを区別するため，勘合を用いて明と貿易を始めた室町幕府の３代将軍はだれか。

⒂　**応仁の乱**の原因の一つともなった跡継ぎ争いを起こした人物で，京都の東山には銀閣を建てた室町幕府の８代将軍はだれか。

⒃　中国に渡って**水墨画**を学び，「秋冬山水図」などの作品を残した人物はだれか。

⒄　織田信長が倒れた後，全国で検地を行って全国統一をすすめ，**刀狩**によって武士と農民の身分を明らかにした人物はだれか。

⒅　**関ヶ原の戦い**に勝利し，1603年に征夷大将軍となって江戸幕府を開いた人物はだれか。

⒆　大名を統制するために出された**武家諸法度**に，**参勤交代**の制度を義務づけた江戸幕府の３代将軍はだれか。

⒇　18世紀の前半に，上米の制を定め，江戸の町には目安箱を設置するなどして**享保の改革**を進めた江戸幕府の８代将軍はだれか。

(21)　18世紀の後半に老中となって政治の実権を握り，長崎貿易の拡大や印旛(いんば)沼・手賀沼の干拓，蝦夷(えぞ)地の開発などを計画したが，ワイロ政治と批判され，失脚した人物はだれか。

(22)　18世紀後半，前野良沢らとともにオランダの医学書を翻訳して『**解体新書**』を出版し，蘭学の基礎を築いた人物はだれか。

(23)　18世紀の後半から，旗本・御家人らの苦しい生活を救うために借金の帳消し令を出したり，幕府の学校では朱子学以外の学問を禁じ（寛政異学の禁），**寛政の改革**をすすめた人物はだれか。

(24)　1837年，江戸幕府の天保のききんへの対応を不服として，もと大阪町奉行所の役人が反乱を起こした。この人物はだれか。

(25)　19世紀の中ごろから，**株仲間の解散**や上知令の発布などを行い，**天保の改革**をすすめた人物はだれか。

2 近代～現代の重要人物

(1) 朝廷の許可を得ずに**日米修好通商条約**を結び，後に反対派によって桜田門外で暗殺された大老はだれか。

(2) 土佐藩出身の人物で，**薩長同盟**を仲立ちし，後には**大政奉還**の実現に力を尽くした人物はだれか。

(3) 1867年，京都の二条城で朝廷に対して政権を返上した江戸幕府の15代将軍はだれか。

(4) 征韓論をめぐる，政府内の争いに敗れ，1877年に鹿児島の士族におされて**西南戦争**を起こした人物はだれか。

(5) 日本で最初の女子留学生として，**岩倉使節団**に同行し，帰国後に女子教育の発展に力をつくした人物はだれか。

(6) 民撰議院設立の建白書を政府に提出した人物の一人で，自由党を結成するなどして**自由民権運動**の中心人物となったのはだれか。

(7) **『学問のすゝめ』**を著し，実学をすすめ，個人の独立・国家の隆盛は学問によって成り立つと説いた人物はだれか。

(8) 君主権の強いドイツの憲法を参考にして**大日本帝国憲法**の草案をつくった，日本最初の内閣総理大臣とはだれか。

(9) 1894年，イギリスとの間で**治外法権の撤廃**に成功するとともに，**日清戦争**と**三国干渉**の処理にもあたった外務大臣はだれか。

(10) 1911年にアメリカとの間で日米通商航海条約を改正して**関税自主権の完全回復**を実現した外務大臣はだれか。

(11) 雑誌『青鞜』で女性の自立と解放を主張し，後に**新婦人協会**を設立して女性運動の中心となった人物はだれか。

(12) 民本主義を唱え，**大正デモクラシー**の先がけとなった東京大学教授はだれか。

(13) 1918年に立憲政友会総裁として日本で**最初の本格的な政党内閣**を組織し，「平民宰相」とよばれた人物はだれか。

(14) 満州国の建国に反対するなどしたために，**五・一五事件**で海軍の青年将校に暗殺された人物はだれか。

⒂　1951年のサンフランシスコ講和会議で，**サンフランシスコ平和条約**と**日米安全保障条約**を結んだ当時の首相はだれか。

⒃　沖縄返還の実現，**非核三原則**の表明などを行ったことからノーベル平和賞を受賞した人物はだれか。

3　外国人の重要人物

(1)　7世紀の初め，唯一神アラーを信仰する**イスラム教**を開いたメッカの商人とはだれか。

(2)　日本に仏教の戒律を伝えるため苦難をおかして唐から来日し，**唐招提寺**を建てた僧はだれか。

(3)　1274年・1281年の2回にわたり，対馬・壱岐を侵略した後，大挙して九州北部の博多湾に上陸し，日本を支配しようとした**元**の皇帝はだれか。

(4)　16世紀の初め，免罪符を売り出した教会を批判して，**宗教改革**を行ったドイツの宗教家はだれか。

(5)　**1549年**に鹿児島に上陸し，九州や山口を中心にキリスト教を布教したスペイン人のイエズス会宣教師はだれか。

(6)　1853年に4隻の黒船を率いて**浦賀**に来航し，日本に開国を要求したアメリカの東インド艦隊司令長官はだれか。

(7)　アメリカの南北戦争中に，**奴隷解放宣言**を出して奴隷廃止のために努力したアメリカの大統領はだれか。

(8)　三民主義を唱えて**辛亥革命**の中心人物となり，革命後には中華民国の臨時大総統に就任した人物はだれか。

(9)　インドを支配していたイギリスに対して，**非暴力・不服従の運動**を行った人物はだれか。

⑽　**ベルサイユ条約**を破棄してドイツをファシズムへと導き，ユダヤ人の迫害などを行った**ナチス**の指導者はだれか。

⑾　**GHQ**の最高司令官をつとめ，太平洋戦争後の日本の民主化政策をすすめたアメリカの軍人はだれか。

▶▶▶▶ 4択問題 ◀◀◀◀

(1) 十七条憲法を定めた人物を，次のア～エから１つ選びなさい。(　　　)

(京都光華高)

ア　大伴家持　　イ　聖徳太子　　ウ　蘇我馬子　　エ　中臣鎌足

(2) 日本の律令体制下で，日本と中国の間で人々が往来したが，そうした人物に当てはまらないものを，次のア～エから１つ選びなさい。(　　　)

(福岡大附大濠高[改題])

ア　空海　　イ　行基　　ウ　鑑真　　エ　最澄

(3) 院政を始めた上皇として正しいものを，次のア～エから１つ選びなさい。

(　　　)(大谷高)

ア　白河上皇　　イ　後白河上皇　　ウ　鳥羽上皇　　エ　後鳥羽上皇

(4) 鎌倉幕府を開いた人物はだれか。次のア～エから１つ選びなさい。(　　　)

(岩手県)

ア　平清盛　　イ　源頼朝　　ウ　豊臣秀吉　　エ　足利尊氏

(5) 日本に禅宗をもたらした人物を，次のア～エから１つ選びなさい。(　　　)

(近江兄弟社高)

ア　親鸞　　イ　一遍　　ウ　道元　　エ　日蓮

(6) 日本の室町時代における世界のできごとについて述べた文として正しいものを，次のア～エから１つ選びなさい。(　　　)　(長崎県[改題])

ア　ナポレオンがフランスの皇帝になった。

イ　バスコ＝ダ＝ガマの船隊がインドに到達した。

ウ　フビライ＝ハンが大都（北京）に都を移した。

エ　ムハンマドがイスラム教をおこした。

(7) 豊臣秀吉について説明したものとして正しいものを，次のア～エから１つ選びなさい。(　　　)　(星翔高)

ア　キリスト教徒を見つけるために絵踏を行った。

イ　足利義昭を追放して，室町幕府を滅ぼした。

ウ　一揆の防止を目的に，農民から武器を没収した。

エ　征夷大将軍に任じられて，幕府を開いた。

⑻　鎖国が完成したころの江戸幕府第3代将軍はだれか。次のア～エから1つ選びなさい。(　　　)　(金光藤蔭高)

ア　徳川秀忠　　イ　徳川綱吉　　ウ　徳川吉宗　　エ　徳川家光

⑼　江戸時代，奉行所の対応に不満を持ち，大商人をおそって米や金をききんで苦しむ人々に分けようとした人物はだれか。次のア～エから1つ選びなさい。

(　　　)（近大附高)

ア　杉田玄白　　イ　山田長政　　ウ　二宮尊徳　　エ　大塩平八郎

⑽　政権を朝廷に返した江戸幕府の第15代将軍はだれか。次のア～エから1つ選びなさい。(　　　)　(香ヶ丘リベルテ高)

ア　徳川慶喜　　イ　徳川家定　　ウ　徳川家茂　　エ　徳川家慶

⑾　帝国議会が開かれるまでに，内閣制度の創設や大日本帝国憲法の制定にかかわった人物として最も適するものを，次のア～エから1つ選びなさい。

(　　　)（神奈川県)

ア　伊藤博文　　イ　西郷隆盛　　ウ　板垣退助　　エ　大隈重信

⑿　女子英学塾を創設した人物を，次のア～エから1つ選びなさい。(　　　)

(自由ケ丘高)

ア　与謝野晶子　　イ　津田梅子　　ウ　樋口一葉　　エ　平塚らいてう

⒀　第一次護憲運動によって桂太郎内閣は53日間で退陣したが，この護憲運動の中心人物の組み合わせとして正しいものを，次のア～エから1つ選びなさい。

(　　　)（立命館高)

ア　尾崎行雄・田中正造　　イ　尾崎行雄・犬養毅

ウ　田中正造・犬養毅　　エ　犬養毅・中江兆民

⒁　男子普通選挙を定めた法が成立したときの日本の首相はだれか。次のア～エから1つ選びなさい。(　　　)　(石川県)

ア　犬養毅　　イ　桂太郎　　ウ　加藤高明　　エ　原敬

⒂　五・一五事件で殺害された首相を，次のア～エから1つ選びなさい。

(　　　)（京都文教高[改題])

ア　浜口雄幸　　イ　寺内正毅　　ウ　犬養毅　　エ　原敬

⒃　1956年に日ソ共同宣言に調印した内閣はどれか。次のア～エから1つ選びなさい。(　　　)　(開明高)

ア　幣原喜重郎内閣　　イ　鳩山一郎内閣

ウ　田中角栄内閣　　エ　佐藤栄作内閣

▶▶▶▶ 実戦問題 ◀◀◀◀

1 わが国の国家・社会及び文化の発展や人々の生活の向上に影響を与えた歴史上の人物にかかわることがらについて，次の問いに答えなさい。（大阪府）

(1) 古代までのわが国では，唐（とう）の影響を受けた国際色豊かな文化や，唐風の文化をもとに発展したわが国独自の文化の形成に寄与した人々が現れた。

① 8世紀中ごろ，聖武（しょうむ）天皇によって東大寺が建てられ大仏がつくられた。次のア～エのうち，8世紀中ごろに，唐から来日し，わが国に仏教のきまりを伝え，寺院や僧の制度を整えるなど，唐の仏教を伝えた人物はだれか。1つ選び，記号を○で囲みなさい。（ア　イ　ウ　エ）

ア 鑑真（がんじん）　イ 行基（ぎょうき）　ウ 空海（くうかい）　エ 道元（どうげん）

② 平安時代，漢字をもとにしてかな文字がつくられ，物語や随筆などに用いられるようになった。次のア～エのうち，清少納言（せいしょうなごん）によってかな文字を用いて著された随筆はどれか。1つ選び，記号を○で囲みなさい。

（ア　イ　ウ　エ）

ア 風土記（ふどき）　イ 枕草子（まくらのそうし）　ウ 万葉集　エ 源氏物語

(2) 12世紀から16世紀にかけて，わが国では，武士が台頭して武家政権が成立し，その支配がしだいに全国に広まった。

① 12世紀後半に開かれた鎌倉幕府では，しだいに執権が実権を握るようになった。次のア～エのうち，13世紀に，武力を背景にわが国に国交をせまった元（げん）の要求をしりぞけた鎌倉幕府の執権はだれか。1つ選び，記号を○で囲みなさい。（ア　イ　ウ　エ）

ア 織田信長（おだのぶなが）　イ 平清盛（たいらのきよもり）　ウ 北条時宗（ほうじょうときむね）　エ 源頼朝（みなもとのよりとも）

② 15世紀初め，足利義満（あしかがよしみつ）によってわが国と中国の明（みん）との貿易が開始された。次の文は，わが国と明との貿易について述べたものである。文中の［ A ］に当てはまる語を漢字2字で書きなさい。（　　　）

わが国と明との貿易は，貿易を行うための船が正式な貿易船であることを証明するために，［ A ］という合い札が用いられたことから，［ A ］貿易とも呼ばれている。

(3) 17世紀から19世紀にかけて，わが国では，江戸幕府によるさまざまな政策を通して生まれた安定した社会が続いた。

① 17 世紀初めに開かれた江戸幕府は，17 世紀中ごろにかけて政治体制を整えていった。17 世紀中ごろ，日本人の海外渡航や帰国を禁止したり，参勤交代の制度を整えたりするなど政治体制を確立した江戸幕府の 3 代将軍はだれか。人名を書きなさい。(　　　　　)

② 江戸時代には，新しい学問が広まり，さまざまな人々が活躍した。次のア～エのうち，江戸時代のわが国のようすについて述べた文として誤っているものはどれか。1 つ選び，記号を○で囲みなさい。(ア　イ　ウ　エ)

ア 杉田玄白(すぎたげんぱく)らが，オランダ語の人体解剖書を訳した『解体新書』を出版した。

イ 本居宣長(もとおりのりなが)が，『古事記伝』を著し国学を大成した。

ウ 伊能忠敬(いのうただたか)が，全国を測量し日本地図を作成した。

エ 野口英世(のぐちひでよ)が，黄熱病について研究した。

2 次の(1)～(10)の人物を，【語群】より選び答えなさい。（大商学園高）

(1) 国ごとに国分寺・国分尼寺，都には東大寺を建立した。(　　　　　)

(2) ドイツで，免罪符の販売に抗議し，宗教改革をはじめた。(　　　　　)

(3) 20 世紀初頭，ソ連で共産党の独裁体制をしいた指導者。(　　　　　)

(4) 自由民権運動の中心人物。1881 年，自由党を結成した。(　　　　　)

(5) サンフランシスコ平和条約と日米安保条約を調印した日本の首席全権。

(　　　　　)

(6) 辛亥(しんがい)革命を指導。1912 年，中華民国の臨時大総統。(　　　　　)

(7) 1877 年，西南戦争をおこすが，政府軍に鎮圧された。(　　　　　)

(8) 1863 年，南北戦争中，奴隷解放宣言を出した大統領。(　　　　　)

(9) 青鞜社(せいとうしゃ)を組織。大正から昭和にかけ，女性解放運動を進めた。

(　　　　　)

(10) 1492 年，大西洋を西回りで航海中，西インド諸島に到達した。

(　　　　　)

【語群】

板垣退助　ルター　大隈重信　スターリン　聖武天皇
ワシントン　リンカン　孫文　西郷隆盛　犬養毅　毛沢東
大久保利通　天智天皇　蔣介石　ビスマルク　吉田茂
バスコ・ダ・ガマ　コロンブス　平塚らいてう　津田梅子

2 年表問題 近道問題

▶▶▶▶ 1問1答 ◀◀◀◀ 次の ＿＿ に適当な語句を書きなさい。

(1) 大和政権の大王（**倭の五王**）が，自らの地位や朝鮮半島での権限を高めるため中国の南朝に使いを送ったのは，何世紀のことか。

(2) 奈良時代に聖武天皇が仏教の力で国を護るため，**大仏造立の詔**を出したのは，何年のことか。

(3) 菅原道真が唐の衰えや航海の危険性を訴えたことにより，**遣唐使**が停止されたのは，何年のことか。

(4) 藤原道長・頼通親子によって，**摂関政治**の全盛期が築かれたのは，何世紀のことか。

(5) 鎌倉幕府３代執権の北条泰時によって，**御成敗式目**が制定されたのは何年のことか。

(6) 室町幕府８代将軍の足利義政の後継者問題をきっかけとして，**応仁の乱**が始まったのは何年のことか。

(7) **関ヶ原の戦い**がおこったのは何年のことか。

(8) 清がアヘンの輸入を禁止をしたことから，イギリスとの間で**アヘン戦争**が始まったのは，何年のことか。

(9) 君主権の強いドイツ（プロイセン）憲法を参考に，**大日本帝国憲法**が制定されたのは，何年のことか。

(10) 加藤高明内閣が**普通選挙法**を成立させ，男子による普通選挙制が実現したのは，何年のことか。

(11) 朝鮮戦争の勃発をきっかけに，自衛隊の前身である**警察予備隊**が発足したのは，何年のことか。

(12) 第四次中東戦争の影響から石油危機が起こり，それまで日本で続いていた**高度経済成長**が終わったのは，何年のことか。

(13) 東北地方太平洋沖で発生した地震と，それにともなう津波が原因となって**東日本大震災**がおこったのは，何年のことか。

▶▶▶▶ 4択問題 ◀◀◀◀

(1)　弥生時代のできごとを，次のア～エから1つ選びなさい。(　　　)

(京都成章高)

ア　歌集の『万葉集』がつくられた。

イ　原人が打製石器や火を使用した。

ウ　青銅器や鉄器などの金属器が伝えられた。

エ　律令に基づいて戸籍がつくられた。

(2)　10世紀のできごととして正しいものを，次のア～エから1つ選びなさい。

(　　　)(大阪商大堺高)

ア　平将門の乱　　イ　墾田永年私財法が出される

ウ　保元の乱　　エ　御成敗式目の制定

(3)　応仁の乱が起こった世紀のできごととして誤っているものを，次のア～エから1つ選びなさい。(　　　)　(大谷高)

ア　琉球王国が建国された。　　イ　山城国一揆が起こった。

ウ　キリスト教が伝来した。　　エ　コシャマインの戦いが起こった。

(4)　徳川氏が初代将軍の家康から15代の慶喜までの長期間，日本の政権を担った江戸幕府が支配した期間として最も適切なものを，次のア～エから1つ選びなさい。(　　　)　(同志社国際高)

ア　約120年間　　イ　約180年間　　ウ　約210年間　　エ　約260年間

(5)　1873年に出された徴兵令の説明として誤っているものを，次のア～エから1つ選びなさい。(　　　)　(上宮太子高)

ア　一家の主人・長男，役人，学生は兵役を免除された。

イ　代人料を納めたものは兵役を免除された。

ウ　3年間の兵役につくことが義務づけられた。

エ　18歳以上の男子に兵役につくことが義務づけられた。

(6)　日本で治安維持法が成立した年より後のできごとはどれか。次のア～エから1つ選びなさい。(　　　)　(京都外大西高)

ア　大隈重信が憲政党を結成し，日本で初めての政党内閣を組織した。

イ　浜口雄幸内閣は国際協調を目指し，ロンドン海軍軍縮条約を結んだ。

ウ　憲法に基づく政治を訴える第一次護憲運動の結果，桂太郎内閣は退陣した。

エ　内閣制度が創設されると，伊藤博文が内閣総理大臣に就任した。

▶▶▶▶ 実戦問題 ◀◀◀◀

1 右の略年表を見て，次の問いに答えなさい。　　(愛媛県)

年代	できごと
600	・①推古(すいこ)天皇が即位する
800	
1000	
	・白河上皇(しらかわじょうこう)が院政を始める ↕②
1200	
	・③鎌倉幕府がほろびる
1400	
1600	
1800	
	・④モリソン号事件が起こる

(1) 略年表中の①が即位すると，［A］が，摂政(せっしょう)となり，豪族の［B］とともに政治を行った。［A］，［B］にそれぞれ当てはまる人物の組み合わせとして適当なものを，ア～エから１つ選び，その記号を書きなさい。(　　　)

ア　A　中大兄皇子(なかのおおえのおうじ)　　B　中臣鎌足(なかとみのかまたり)
イ　A　中大兄皇子　　B　蘇我馬子(そがのうまこ)
ウ　A　聖徳太子(しょうとくたいし)　　B　中臣鎌足
エ　A　聖徳太子　　B　蘇我馬子

(2) 略年表中の②の期間に起こったできごととして適当なものを，ア～エから２つ選び，年代の古い順に左から並べ，その記号を書きなさい。(　　　)→(　　　)

ア　応仁(おうにん)の乱が始まった。　　イ　平清盛(たいらのきよもり)が太政(だいじょう)大臣となった。
ウ　藤原道長(ふじわらのみちなが)が摂政となった。　　エ　承久(じょうきゅう)の乱が起こった。

(3) 略年表中の③のできごとの後，後醍醐(ごだいご)天皇は，公家(くげ)を重んじる政策を行うなど，朝廷中心の新しい政治を始めた。この政治は，一般に［　　］の新政と呼ばれている。［　　］に当てはまる最も適当な言葉を書きなさい。

(　　　　　)

(4) 次の文は，略年表中の④について述べたものである。文中の［　　］に適当な言葉を書き入れて文を完成させなさい。ただし，［　　］には，幕府・外国船の２つの言葉を含めること。

(　　　　　　　　　　　　　　　　　　　　　　　　　　　)

④が起こると，高野長英(たかのちょうえい)と渡辺崋山(わたなべかざん)は，［　　　　］ことを批判する書物を書いた。このため，彼らは，幕府から厳しい処罰を受けた。

2 次の表は，近代における，わが国の動きと世界のおもなできごとをまとめたものです。後の問いに答えなさい。（山形県）

【表】

時代	わが国の動き	年	世界のおもなできごと
明治	1872年に太陰暦を廃止し，①太陽暦の採用を決めるなど，新政府は，日本の近代化を推し進めた。1889年には大日本帝国憲法が発布され，翌年に第一回帝国議会が開かれた。	1891 1911	シベリア鉄道の建設が始まる 辛亥革命がおこる
大正	1912年に護憲運動がおこるなど，国民の政治意識が高まった。また，吉野作造がとなえた民本主義は，多くの人々に影響を与えた。	1914 1921	第一次世界大戦が始まる ②ワシントン会議が開かれる
昭和	1930年に，世界恐慌の影響が日本にもおよび，深刻な不況となった。1945年に③ポツダム宣言を受け入れて降伏することを決めた。	1929 1945	世界恐慌がおこる 国際連合が発足する

(1) 表中の下線部①に関連して，近代化を目指す政策を進めるうえで欧米の文化がさかんに取り入れられ，洋服を着たり牛肉を食べたりするなど，人々の生活が変化し始めました。このような，人々の生活の変化を何というか，漢字4字で書きなさい。(　　　　　)

(2) 表中の下線部②について，この会議において，日本が1902年に結んだ同盟が解消されました。このとき解消された同盟の名称を書きなさい。

(　　　　　)

(3) 表中の下線部③に関連して，ポツダム宣言を受け入れたあと，民主化が進められました。資料は，1928年と1946年の衆議院議員の選挙における有権者数を比較したものです。1946年の有権者数に大きな変化がみられるのは，1945年に選挙制度がどのように改正されたからか，年齢と性別に着目して書きなさい。

(　　　　　　　　　　　　　　　　　　　　)

【資料】

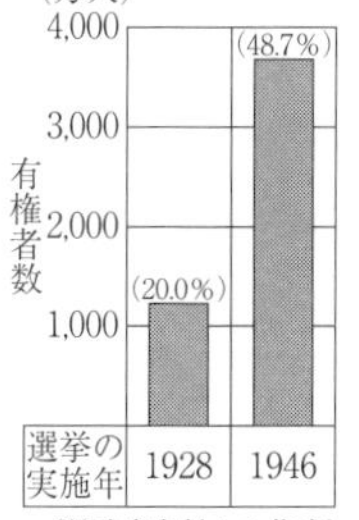

(総務省資料から作成)

注：グラフ中の(　)内は全人口に対する有権者の割合を示す。

3 政治史－古代～近世の日本－ 近道問題

▶▶▶▶▶ 1問1答 ◀◀◀◀◀　次の□に適当な語句を書きなさい。

(1) 604年，**厩戸皇子**（**聖徳太子**）は役人の心構えを示したものを定めたが，これを何というか。 □

(2) 645年，**中大兄皇子**と**中臣鎌足**らは蘇我氏を滅ぼし，天皇中心の国家づくりを始めたが，これを何というか。 □

(3) 天皇を中心とした中央集権政治のためのしくみを完成するため，唐にならって**701年**に制定された法令を何というか。 □

(4) 1086年に**白河上皇**が始めた政治の形態を何というか。 □

(5) 1185年に設置された職制のうち，**国ごと**に置かれ，軍事・警察などの役割を担った職を何というか。 □

(6) 後鳥羽上皇は鎌倉幕府の混乱に乗じて兵を挙げたが，北条氏が率いる大軍に敗れ，**隠岐**に流された。この乱を何というか。 □

(7) **後醍醐天皇**は1333年，鎌倉幕府を倒すことに成功し，自らの手で政治を行うようになったが，この政治を何というか。 □

(8) **応仁の乱**後に幕府の支配が弱まり，身分の低いものが実力で目上の者を倒す風潮が強まった。これを何というか。 □

(9) 武田氏の「甲州法度之次第」に代表される，**戦国大名**が領国内を支配するために定めたものを何というか。 □

(10) 豊臣秀吉が実施した**刀狩**により，武士と農民の身分の区別がはっきりすることとなったが，これを何というか。 □

(11) 徳川家光が**武家諸法度**に義務づけたこととは何か。 □

(12) 1637～38年，**天草四郎**を中心とした九州地方の農民らが江戸幕府に対して起こした反乱を何というか。 □

(13) 江戸幕府の裁判や刑罰の基準の根本として，**徳川吉宗**の命令により編さんされたものを何というか。 □

(14) **徳川慶喜**が朝廷に政権を返還したことを何というか。 □

▶▶▶▶ 4択問題 ◀◀◀◀

(1) 墾田永年私財法が出たころの天皇は，仏教の力で国を守り，不安をしずめようとした。この天皇の名とそのころの年号の正しい組み合わせを，次のア～エから1つ選びなさい。(　　　)　(帝塚山学院泉ヶ丘高[改題])

ア　聖武天皇・大化　　イ　聖武天皇・天平

ウ　天武天皇・大化　　エ　天武天皇・天平

(2) 平清盛は藤原氏と同じように娘を天皇のきさきとし，生まれた子を天皇に立てて，武士として初めて政権を手にした。この人物の孫である天皇はだれか。次のア～エから1つ選びなさい。(　　　)　(中村学園女高)

ア　白河天皇　　イ　後白河天皇　　ウ　安徳天皇　　エ　後三条天皇

(3) 北条泰時が制定した最初の武家法の名称として正しいものを，次のア～エから1つ選びなさい。(　　　)　(大阪夕陽丘学園高[改題])

ア　十七条の憲法　　イ　御成敗式目　　ウ　大宝律令　　エ　武家諸法度

(4) 建武の新政の内容について適切でないものを，次のア～エから1つ選びなさい。(　　　)　(日ノ本学園高[改題])

ア　天皇に権力を集中させ，天皇自ら政治を行った。

イ　幕府と戦った恩賞が，公家や一部の新興武士に集中したことで武士の不満が高まった。

ウ　これまでの武家の慣習を否定し，天皇が領地争いに介入した。

エ　二条河原の落書において，理想的な政治と賞賛された。

(5) 豊臣秀吉が行った政策として正しいものを，次のア～エから1つ選びなさい。
(　　　)(近大附和歌山高)

ア　大名を取り締まるために武家諸法度を定めて，参勤交代の制度を設けた。

イ　日本船の海外渡航やポルトガル船の来航を禁止した。

ウ　各地で検地を行うとともに刀狩令を出し，兵農分離政策をとった。

エ　国ごとに守護を，荘園や公領ごとに地頭を置いた。

(6) 公事方御定書が出された時期と同時期のことがらとして最も適切なものを，次のア～エから1つ選びなさい。(　　　)　(京都廣学館高[改題])

ア　目安箱が設置される。　　イ　ラクスマンが根室に来航する。

ウ　大塩平八郎が大坂で反乱を起こす。　　エ　長崎貿易が奨励される。

▶▶▶▶ 実戦問題 ◀◀◀◀

1 次の文は，社会科の授業で武士の政治について学んだ，あさみさんとまさゆきさんの会話です。これを読んで，後の問いに答えなさい。 (岩手県)

10世紀ごろから，有力な農民や豪族が領地を守るために武装して，武士になっていくんだよね。

そうだったね。そして，初めての本格的な武士の政権は，①鎌倉幕府だったね。

その鎌倉幕府をたおした後醍醐(ごだいご)天皇が天皇中心の政治を行ったよね。次に，②室町幕府が開かれたよね。

あさみさん　　　　まさゆきさん

(1) 下線部①について，鎌倉幕府を開いた人物は誰ですか。次のア～エのうちから1つ選び，その記号を書きなさい。(　　　)

ア 平清盛(たいらのきよもり)　イ 源頼朝(みなもとのよりとも)　ウ 豊臣秀吉(とよとみひでよし)　エ 足利尊氏(あしかがたかうじ)

(2) 下線部②について，次のア～エのうち，室町時代のようすについて述べたものとして，最も適当なものはどれですか。1つ選び，その記号を書きなさい。

(　　　)

ア 魏に使いをおくった女王が，まじないなどの力も用いて30ほどの小国を従えた。

イ 藤原氏が娘を天皇のきさきにし，その子を天皇の位に就けることで権力を握った。

ウ 安土城下では，楽市・楽座の政策により，自由な営業が認められ商工業が発展した。

エ 正式な貿易船には，明から勘合という合札(あいふだ)が与えられ，銅銭や生糸などが輸入された。

2 次の表は，とおるさんの班が，社会科の授業で，興味をもった政治に関するできごとについてまとめたものの一部である。(1)～(4)に答えなさい。 (徳島県)

時代	できごと
弥生	①卑弥呼は，中国（魏）に使者を送り，皇帝から称号や印を与えられた。
飛鳥	中大兄皇子と中臣鎌足らは，権力を独占していた蘇我氏を倒し，②政治改革を始めた。
平安	③藤原氏は，朝廷の主な役職を一族で独占し，道長と頼通のころに最も栄えた。
江戸	幕府は，④全国にキリスト教の信者が増えたことに対する政策を進めた。

(1) 「魏志倭人伝」には，下線部①のころの倭のようすが示されており，資料のように，ある国の女王卑弥呼が倭の女王となったことも示されている。このある国は何と呼ばれていたか，書きなさい。(　　　　　)

資料

> 倭では，もともと男性の王が治めていたが，国が乱れ，争いが何年も続いた。人々は，一人の女性を王とした。

(「魏志倭人伝」より作成)

(2) 次の文は，下線部②の7世紀中ごろの，東アジア諸国について述べた文の一部である。正しい文になるように，文中のⓐ・ⓑについて，**ア**・**イ**のいずれかをそれぞれ選びなさい。ⓐ(　　　)　ⓑ(　　　)

ⓐ[**ア**　隋　　**イ**　唐] が国力を強め，ⓑ[**ア**　高句麗　　**イ**　新羅] を攻撃したため，東アジア諸国の緊張が高まった。

(3) 下線部③は，娘を天皇のきさきとし，その子を次の天皇にして，天皇が幼いころは代わりに政治を行ったり，成人後は補佐役として政治を行ったりした。このような政治を何というか，書きなさい。(　　　　　)

(4) 次の**ア**～**エ**は，下線部④に関するできごとである。起こった順に**ア**～**エ**を並べなさい。(　　→　　→　　→　　)

ア　幕領（幕府領）にキリスト教の禁教令を出した。

イ　日本人の海外渡航と帰国を禁止した。

ウ　平戸のオランダ商館を長崎の出島に移した。

エ　天草四郎が中心となって起こした一揆に対して大軍を送った。

4 政治史－近代～現代の日本－ 近道問題

▶▶▶▶▶ 1問1答 ◀◀◀◀◀ 次の ☐ に適当な語句を書きなさい。

(1) 大政奉還後，長州藩や薩摩藩を中心とする倒幕派が，新政府樹立のために発表した**天皇中心の政治**に戻す宣言を何というか。 ☐

(2) 1869年，旧藩主が治めていた**土地と人民**を朝廷に返還させた政策を何というか。 ☐

(3) 1871年，藩をやめて県を置き，県には政府が新しく任命した**県令**を派遣した明治新政府の政策を何というか。 ☐

(4) **国民皆兵**をめざし，近代的な常備軍を構成するため，1873年に出された法令を何というか。 ☐

(5) **板垣退助**らは，1874年に国会の開設を要求する意見書を政府に出したが，この意見書を何というか。 ☐

(6) 一部の藩の出身者で占められていた新政府に不満をもった士族らが，征韓論に敗れて鹿児島に戻っていた**西郷隆盛**をかつぎ，おこした反乱を何というか。 ☐

(7) **自由民権運動**の中心人物となった板垣退助が，1881年に設立した政党名を何というか。 ☐

(8) 1925年，**普通選挙法**と同時に，社会主義を取り締まるために制定された法律を何というか。 ☐

(9) **日中戦争**が続くなか，1938年に政府が，戦争目的であれば国民生活のすべてを制限できることを定めた法律を何というか。 ☐

(10) 日本は，**太平洋戦争**で降伏する際，アメリカ・イギリスなどが共同で発表した降伏条件を受け入れたが，これを何というか。 ☐

(11) 象徴天皇制を定めるなど，日本の民主化を進めるために，**1946年11月3日**に公布された現行の憲法を何というか。 ☐

(12) 大韓民国との国交回復，**非核三原則**の提唱，沖縄返還の実現などを果たした当時の内閣総理大臣とはだれか。 ☐

▶▶▶▶ 4択問題 ◀◀◀◀

(1) 廃藩置県に関連する文として誤っているものを，次のア～エから1つ選びなさい。(　　　)　(大阪学院大高)

ア　旧藩主を行政から切り離し，政府に任命された県令が行政を行うことになった。

イ　農民が領主に納めていた年貢を政府が集めることになった。

ウ　この改革は中央集権国家の建設を目指して実施された。

エ　士族・平民の中からこの新制度に反対する声が上がり，各地で反乱がおこった。

(2) 自由党と立憲改進党のそれぞれの党首の正しい組み合わせを，次のア～エから1つ選びなさい。(　　　)　(大谷高)

ア　自由党―大久保利通　　立憲改進党―大隈重信

イ　自由党―大久保利通　　立憲改進党―伊藤博文

ウ　自由党―板垣退助　　立憲改進党―大隈重信

エ　自由党―板垣退助　　立憲改進党―伊藤博文

(3) 次の文は，原敬の組織した内閣についてまとめたレポートである。文中の[　　　]にあてはまる語として最も適当なものを，後のア～エから1つ選びなさい。(　　　)　(千葉県)

> 原敬内閣は，外務・陸軍・海軍の3大臣以外の閣僚をすべて，衆議院の第一党である[　　　]の党員が占める本格的な政党内閣であった。

ア　自由党　　イ　立憲政友会　　ウ　立志社　　エ　立憲改進党

(4) 1925年に制定された普通選挙法によって選挙権を認められた人々を，次のア～エから1つ選びなさい。(　　　)　(大阪商大堺高[改題])

ア　25歳以上の男女　　イ　25歳以上の男子

ウ　18歳以上の男女　　エ　20歳以上の男子

(5) 太平洋戦争後の法律や制度の改革の内容にあてはまることがらを，次のア～エから1つ選びなさい。(　　　)　(開明高[改題])

ア　男子普通選挙の開始　　イ　教育勅語の制定

ウ　教育基本法の制定　　エ　内閣制度の創設

▶▶▶▶ 実戦問題 ◀◀◀◀

1 次の文章を読み，（ 1 ）～（ 5 ）に適する語句を答えなさい。

(1)（　　　　） (2)（　　　　） (3)（　　　　） (4)（　　　　）

(5)（　　　　） （大阪体育大学浪商高）

1889年に大日本帝国憲法が発布された。翌年第1回衆議院議員総選挙がおこなわれ，第1回帝国議会が開会された。その時の選挙資格は，25歳以上で直接国税（ 1 ）円以上を納める男子に限られ，有権者数は全人口の約1.1％にすぎなかった。一方，1880年代にはいると，日本でも産業革命の時代をむかえることとなった。そして，1890年代になると綿糸の生産は輸入量を上回り，（ 2 ）戦争後には中国への輸出も始まった。しかし，繊維工業で働く女子労働者には，低賃金で長時間労働がかせられた。こうした資本主義の発展とともに，労働条件の改善を求めるストライキなどの労働争議が増加した。また渡良瀬川流域では足尾銅山の鉱毒が多大な被害を与え，栃木県の代議士（ 3 ）は議会で政府を追求した。こうした社会情勢のなかで，財産制限の撤回を求める普通選挙が人びとの関心を集めるようになっていった。そして，第一次世界大戦を機に，デモクラシーの風潮が世界的に高まるなかで，政治学者の吉野作造は民本主義を唱えた。彼は，民意にもとづいた政治を大日本帝国憲法の枠内で実現していくための方法を説いた。この考え方は，各方面からの支持を集め，政党を中心とした政治の確立を求める世論が高まっていった。1920年代にはいると，出身・身分・財産・納税額などで選挙権を制限しない，普通選挙の実現をめざす普通選挙運動が活発になった。1925年，第二次護憲運動の最中，護憲派の政党の連立によって（ 4 ）が首相となって内閣が作られた。そして，選挙資格の財産上の制限を撤廃した満25歳以上のすべての男子に衆議院議員の選挙権が与えられた。これにより，全人口にしめる有権者数は，約20％にまで拡大し，民意が反映される道が開かれることとなった。しかし一方で政府は，天皇中心の国のあり方を変革したり，私有財産制度を否定したりする運動を取りしまるため，同時に（ 5 ）を制定した。これにより，社会主義運動はおさえられ，やがて，社会主義運動全体も制約をうけるようになった。

2 次の文章を読み，後の問いに答えなさい。 (京都成章高)

1914年に第一次世界大戦が始まると，日本はこれに参戦し，さらにロシアで成立した革命政府を倒すためシベリア出兵を行った。この際発生した米騒動を，軍によって鎮圧した責任をとって内閣が退陣すると， 1 が，閣僚のほとんどを立憲政友会の党員で構成する本格的な政党内閣を組織した。

1924年に再び政党を無視した内閣が成立すると，第二次護憲運動が起こり，加藤高明内閣が成立し，翌年には普通選挙法が成立した。これ以後，立憲政友会と憲政会（のちの立憲民政党）が，交互に内閣を組織し，「憲政の常道」とよばれた。

1929年にアメリカから始まった世界恐慌は日本にも深刻な影響をもたらした。一方中国では，(a)国民党による統一が1928年までにほぼ完了し，民族運動が高まっていた。このため政府は，国民の負担を減らそうと軍備の縮小を進めるとともに，中国との関係改善をはかろうとした。しかし軍の一部や国家主義者は，大陸での日本の勢力圏を拡大して苦境を脱しようとし，政府を激しく批判した。軍部は，1931年に満州事変を起こして中国東北地方を占領し，1932年には首相を暗殺する 2 事件をおこした。この結果，政党内閣の時代は終わり，政治への軍部の発言力は強まった。

(b)1937年から始まった日中戦争が長期化すると，全体主義的な体制を整えるために，1940年にはほとんどの政党や政治団体は解散して 3 会にまとめられた。しかし，こうした体制は第二次世界大戦での日本の敗北を機に解体され，民主化が行われた。

(1) 文章中の空欄 1 ～ 3 にあてはまる語句を答えなさい。

1（　　　　）　2（　　　　）　3（　　　　）

(2) 下線部(a)について，中国の統一を進めた国民党の指導者として正しいものを，次のア～エから1つ選び，記号で答えなさい。（　　　）

ア　蔣介石　　イ　袁世凱　　ウ　李舜臣　　エ　毛沢東

(3) 下線部(b)について，1937年の日中戦争の始まりから1941年の太平洋戦争の始まりまでの期間に発生したできごとについて述べた文として正しいものを，次のア～エから1つ選び，記号で答えなさい。（　　　）

ア　国際連盟から脱退した。　　イ　日英同盟が廃止された。

ウ　日独伊三国同盟を結んだ。　　エ　治安維持法が制定された。

5 外交史－古代～近世－ 近道問題

▶▶▶▶▶ 1問1答 ◀◀◀◀◀ 次の［　　］に適当な語句を書きなさい。

(1) 『後漢書』東夷伝には，１世紀中ごろに漢の皇帝が日本の権力者に**金印**を与えたと記されているが，これには何と刻まれていたか。［　　］

(2) **小野妹子**が厩戸皇子（聖徳太子）によって派遣された中国の王朝名を何というか。［　　］

(3) ７世紀，朝鮮半島の**新羅と唐**が結んで百済を滅ぼそうとしたときに，日本は援軍を送って戦った。この戦いを何というか。［　　］

(4) 12世紀後半，**平清盛**が大輪田泊や瀬戸内海の航路を整備して貿易を行った中国の王朝名を何というか。［　　］

(5) 1274年の文永の役と1281年の弘安の役を合わせて**元寇**というが，これを退けた鎌倉幕府８代執権とはだれか。［　　］

(6) 室町幕府の３代将軍足利義満は，朝貢形式で日明貿易を開始した。その際，**倭寇**との区別のために用いられた割札を何というか。［　　］

(7) 鉄砲やキリスト教の伝来以降，**スペイン・ポルトガル**の商人との貿易がさかんになったが，この貿易を何というか。［　　］

(8) 1582年，大友宗麟ら３名の**キリシタン大名**が，４人の少年使節をローマ法王のもとに派遣したが，この使節団を何というか。［　　］

(9) 江戸幕府の初代将軍**徳川家康**は，大名や大商人に許可状を与えて貿易をすすめたが，この貿易を何というか。［　　］

(10) 1635年，日本人が海外に渡ることや海外から帰国することを禁止した，江戸幕府の３代将軍はだれか。［　　］

(11) 将軍の代替わりごとに来た**朝鮮の使節**を何というか。［　　］

(12) 江戸時代に薩摩藩の支配下にありながら，中国とも朝貢関係を結んで貿易を続けていた国はどこか。［　　］

(13) 1825年，清とオランダ以外の国の船はためらうことなく撃退するように定めた法令を何というか。［　　］

▶▶▶▶ 4択問題 ◀◀◀◀

(1) 渡来人について述べた文として誤っているものを，次のア～エから1つ選びなさい。(　　　)　(初芝富田林高)

ア　高温で焼いた質のかたい土器をつくる技術を伝えた。

イ　律令とよばれる法律を伝えた。

ウ　漢字や儒教，仏教を伝えた。

エ　大和政権の記録や財政にたずさわった。

(2) 日宋貿易を進めるため，瀬戸内海航路を整備し，大輪田泊を修築したのはだれか。次のア～エから1つ選びなさい。(　　　)　(英真学園高)

ア　藤原道長　　イ　平清盛　　ウ　源頼朝　　エ　足利尊氏

(3) 元寇について，この2度の戦いの組み合わせとして正しいものを，次のア～エから1つ選びなさい。(　　　)　(金光藤蔭高)

ア　1274年：弘安の役，1281年：文永の役

イ　1274年：文禄の役，1281年：慶長の役

ウ　1274年：文永の役，1281年：弘安の役

エ　1274年：慶長の役，1281年：文禄の役

(4) 日明貿易で日本が大量に輸入したものとして最も適切なものを，次のア～エから1つ選びなさい。(　　　)　(明星高)

ア　鉄　　イ　硫黄　　ウ　銅銭　　エ　金貨

(5) 南蛮貿易で，日本から最も多く輸出された品物を，次のア～エから1つ選びなさい。(　　　)　(山口県)

ア　銀　　イ　生糸　　ウ　米　　エ　砂糖

(6) 江戸時代におけるキリスト教の禁止に関して誤って述べたものを，次のア～エから1つ選びなさい。(　　　)　(自由ケ丘高)

ア　キリスト教徒を見つけるため，絵踏が行われた。

イ　家康は幕府を開いた直後に禁教令を出し，迫害を開始した。

ウ　キリスト教徒でないことを寺に証明させる宗門改めが行われた。

エ　スペイン船やポルトガル船の来航を禁止した。

(7) 日米修好通商条約を結んだ井伊直弼が幕府で就いていた役職として最も適切なものを，次のア～エから1つ選びなさい。(　　　)　(大阪学芸高)

ア　大老　　イ　老中　　ウ　執権　　エ　長崎奉行

▶▶▶▶ 実戦問題 ◀◀◀◀

1 次のⅠ，Ⅱは，海外から日本にもたらされた物品の写真である。後の問いに答えなさい。 （愛知県）

Ⅰ
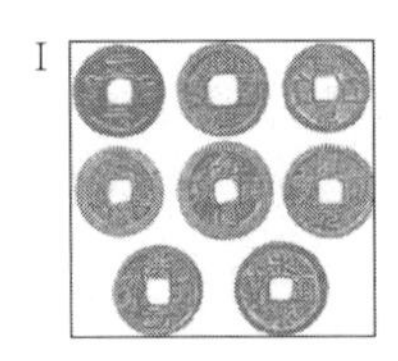
Ⅱ
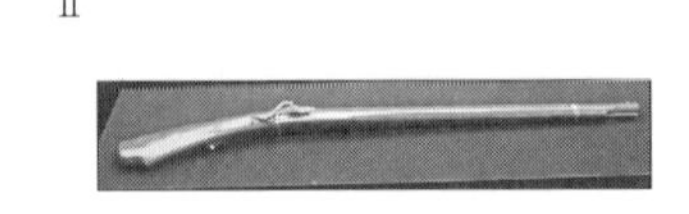

(1) 次の文章は，Ⅰの物品がもたらされていた期間中の日本のようすについて述べたものである。文章中の □ にあてはまることばとして最も適当なものを，後の**ア**から**エ**までの中から選んで，そのかな符号を書きなさい。

（　　）

Ⅰの物品はすべて中国でつくられたものである。これらが大量に輸入されたことで商業活動が活発となり，14世紀には □ が行われていた。

ア 十三湊（とさみなと）の豪族がアイヌとの交易品を畿内にもたらすなど遠隔地間の取引
イ 商人が農民に材料や道具を貸し出して製品を製造させる問屋制家内工業
ウ 東南アジア各地に日本町がつくられ，大名や豪商によって朱印船貿易
エ 金・銀・銭の貨幣の両替で利益を上げた商人による大名への金銀の貸し付け

(2) 次の文章は，Ⅱの物品が日本にもたらされたことに関連して述べたものである。文章中の（ ① ），（ ② ）にあてはまることばの組み合わせとして最も適当なものを，後の**ア**から**エ**までの中から選んで，そのかな符号を書きなさい。（　　）

Ⅱの物品を初めて日本にもたらしたのはポルトガル人であるとされている。15世紀以降，ポルトガルは（ ① ）が支配する地域を経由しない交易路の開発を進めた。また，ポルトガルはカトリック国であり，（ ② ）に対抗して新しい信者を獲得する必要からも海外進出を積極的に行った。

ア ① オスマン帝国，② イエズス会
イ ① オスマン帝国，② プロテスタント
ウ ① モンゴル帝国，② イエズス会
エ ① モンゴル帝国，② プロテスタント

2 次の文章をよみ，後の各問いに答えなさい。 (大商学園高)

例えば日本では，大晦日に年越しそばを食す文化が根付いている。その年越しそばは，13 世紀半ばに貿易商の謝国明が疫病で苦しむ博多の町人にふるまい年を越したことから来ている。博多を中心とする地域は，政治でも外交でも重要な場所でした。でも，どうして他の土地ではなく，博多だったのだろうか歴史に触れながら考えてみましょう。

博多湾は，周囲の半島と島々によって外海とへだてられており，波がおだやかです。また中国大陸や朝鮮半島と近いため，渡海技術のとぼしかった古代から周辺アジア諸国との窓口となりました。そのことで大陸から政治情勢や文化などが伝わる一方で，外国から侵入されることもありました。

古代にはアジアの人々をもてなすための①施設（鴻臚館）が建設され，唐や新羅からの外交使節や②遣唐使などの宿泊施設として利用された事でも知られています。7 世紀頃には海外情勢の変化により，国家のしくみを整えることを急いだ倭国では，ある政変をおこし③政治改革に着手しました。この後，約 50 年かけて改革をしましたが，朝鮮半島では，新羅が唐と結んで（ 1 ）を攻めたので，663 年倭国は（ 1 ）の支援のために④朝鮮半島へ大軍を送り戦いました。その戦いで大敗した倭国は，報復に備えて守りを固めるため，九州地方に政治や防衛にあたる（ 2 ）を設け，西日本の各地に山城を作りました。その（ 2 ）は都と山陽道で結ばれ栄えたことで知られています。

13 世紀にはいると，（ 3 ）幕府 8 代執権北条時宗は，朝貢と服属を要求してきた元の要求を断りました。その為⑤元軍が襲来したことで知られています。2 度にわたる元軍の侵略を蒙古襲来といいます。この外国からの襲来に対して（ 3 ）幕府の御家人達は恩賞を期待して元軍に立ち向かいましたが，⑥恩賞を十分に得る事ができませんでした。また，元軍の再襲来に備えて海岸守備は続けられたため，さらに，負担が重くのしかかりました。そうして御家人の心はしだいに（ 3 ）幕府から離れていきました。

(1) 文中の空欄（ 1 ）にふさわしい国名を選び答えなさい。(　　　　　)
　新羅　　百済　　高麗　　契丹

(2) 文中の空欄（ 2 ）にふさわしい語句を選び答えなさい。(　　　　　)
　摂津職　　陸奥将軍府　　太宰府　　鎮守府

(3) 文中の空欄（ 3 ）にふさわしい語句を選び答えなさい。(　　　　　)
　江戸　　室町　　鎌倉　　足利

(4) 下線部①に関してこの施設には中国や朝鮮のものだけではなく，ペルシャ製のガラスやびんなどが伝わったとも言われている。この大陸の交易ルートを何というかカタカナ6字で答えなさい。(　　　　　)

(5) 下線部②の遣唐使として中国に渡り，そのまま唐の役人（高官）となった人物は誰か選び答えなさい。(　　　　　)

阿倍仲麻呂　　菅原道真　　最澄　　空海

(6) 下線部③の政治改革は何というか答えなさい。(　　　　　)

(7) 下線部④の戦いの名称を選び答えなさい。(　　　　　)

寧波の乱　　刀伊の入寇　　白村江の戦い　　関ヶ原の戦い

(8) 下線部⑤に関する資料を見て後の問いに答えなさい。

『蒙古襲来絵詞』より引用

① 元軍の侵入を防ぐために設置された資料中にも見られる高さ3mの石の壁を何というか語句を選び答えなさい。(　　　　　)

水城　　防塁　　環濠　　山城

② 1274年の元軍の襲来を何というか答えなさい。(　　　　　)

③ 1281年の二度目の元軍の襲来を何というか答えなさい。(　　　　　)

(9) 下線部⑥に関して生活に困った御家人を経済的に救うために幕府が出した法令は何か答えなさい。(　　　　　)

3 次の日本の歴史に影響を与えた海外の人物についてまとめた資料をみて，後の問いに答えなさい。（立命館宇治高）

李舜臣

(a)豊臣秀吉が朝鮮に出兵した際に戦った朝鮮の武将です。朝鮮水軍を率いて活躍しました。韓国では，救国の英雄となっています。最後は豊臣軍との海戦で亡くなりました。

シーボルト

1823 年に来日したドイツ出身の医師です。長崎で鳴滝塾をひらき，多くの日本人に(b)医学・自然科学を教えました。しかし，帰国に際して，国外もちだし禁止の日本地図などがみつかり，国外追放となりました。

ペリー

アメリカの東インド艦隊司令官で 1853 年に 4 隻の軍艦を率いて浦賀（神奈川）を訪れました。そしてアメリカ大統領の国書を示して，江戸幕府に開国をせまりました。その後，1854 年に再び日本に来航して江戸幕府と神奈川で交渉し，(c)日米和親条約に調印しました。

(1) 下線部(a)の人物の政策として誤っているものを次のア～エから１つ選び，記号で答えなさい。(　　　)

ア キリシタンを見つけだすため絵踏を行った。

イ 百姓から刀・やりなどの武器をとりあげた。

ウ 大坂・伏見に城を築いて，全国の金山・銀山を支配下においた。

エ ますやものさしの基準を統一し，各地の検地帳を作成した。

(2) 下線部(b)に関する江戸期の書物「解体新書」は何語の人体解剖書を翻訳したものか答えなさい。(　　　　　語)

(3) 下線部(c)の条約について述べた文として正しいものを次のア～エから１つ選び，記号で答えなさい。(　　　)

ア 日本は，下田・箱館・神奈川を開港することとなった。

イ 日本で法を犯した外国人をその出身国の領事が裁く領事裁判権を認めた。

ウ 輸入品に自主的に関税率を定める関税自主権が日本には認められなかった。

エ 日本は，アメリカの遭難船や乗組員の救助や必要な物資の供給をすることとなった。

6 外交史－近代～現代－ 近道問題

▶▶▶▶ 1問1答 ◀◀◀◀ 次の[　　]に適当な語句を書きなさい。

(1) 1854年，アメリカのペリーとの間に結ばれ，**下田・函館**の２港を開港することなどを定めた条約を何というか。[　　]

(2) 1858年，**井伊直弼**がアメリカと結んだ条約は何か。[　　]

(3) ロシア・ドイツ・フランスは，日本が日清戦争の講和条約によって獲得した**遼東半島**の返還を要求した。このことを何というか。[　　]

(4) 「**扶清滅洋**」をスローガンに反帝国主義の暴動をおこした団体が，８カ国の連合軍に鎮圧された事件を何というか。[　　]

(5) 1902年，日本がロシアの南下に対して利害を同じくする国と結んだ同盟を何というか。[　　]

(6) 1904年におこった**日露戦争**の講和条約として，アメリカの仲介で結ばれた条約を何というか。[　　]

(7) 1910年，日本は韓国と条約を結んで**朝鮮総督府**を設置し，植民地支配を推し進めていった。このことを何というか。[　　]

(8) 1915年，ドイツがもつ**山東省**の利権を日本に譲ることや，南満州の利権の期限延長を中国に対して要求したものを何というか。[　　]

(9) 1919年に連合国とドイツの間で結ばれた，**第一次世界大戦の**講和条約を何というか。[　　]

(10) 1931年，日本軍が中国の柳条湖で南満州鉄道を爆破して**満州事変**が始まったが，翌年にこの地域に建国された国名を何というか。[　　]

(11) 1937年におこった日本軍と中国軍の衝突（**盧溝橋事件**）をきっかけに始まった戦争を何というか。[　　]

(12) 1951年，日本が**サンフランシスコ平和条約**と同時にアメリカとの間で結んだ条約を何というか。[　　]

(13) 1956年にソ連との間で結ばれ，日本の**国際連合加盟**のきっかけとなったものを何というか。[　　]

▶▶▶▶ 4択問題 ◀◀◀◀

(1) 日米和親条約により開港された2つの港の組み合わせとして最も適当なものを，次のア～エから1つ選びなさい。(　　　)　(東海大付福岡高)

ア　下田と函館　　イ　新潟と長崎　　ウ　横浜と神戸　　エ　鹿児島と松山

(2) 日清戦争で結ばれた講和条約は何か，次のア～エから1つ選びなさい。

(　　　) (岩手県)

ア　下関条約　　イ　ポーツマス条約

ウ　日中平和友好条約　　エ　サンフランシスコ平和条約

(3) 三国干渉によって日本が清に返還したものを，次のア～エから1つ選びなさい。(　　　)　(富山県)

ア　山東半島　　イ　台湾　　ウ　澎湖(ほうこ)諸島　　エ　遼東半島

(4) ポーツマス条約と直接関わりのないことがらを，次のア～エから1つ選びなさい。(　　　)　(同志社高)

ア　日比谷焼き打ち事件　　イ　韓国統監府の設置

ウ　大逆事件　　エ　南満州鉄道株式会社の設立

(5) 第一次世界大戦の講和会議が開かれた国を，次のア～エから1つ選びなさい。

(　　　) (星翔高)

ア　アメリカ合衆国　　イ　フランス　　ウ　ドイツ　　エ　イギリス

(6) 1937年から1945年の時期に起こったできごととして適当でないものを，次のア～エから1つ選びなさい。(　　　)　(奈良育英高)

ア　日本の国際連盟脱退　　イ　真珠湾攻撃

ウ　日独伊三国同盟　　エ　日ソ中立条約

(7) 1955年，日本を含む29カ国がインドネシアに集まり国際会議が開かれた。この会議の名称を，次のア～エから1つ選びなさい。(　　　) (大阪偕星学園高)

ア　アジア太平洋経済協力会議　　イ　東アジア首脳会議

ウ　アセアン首脳会議　　エ　アジア・アフリカ会議

(8) 高度経済成長期のできごととして適当なものを，次のア～エから1つ選びなさい。(　　　)　(立命館守山高)

ア　日韓基本条約の締結　　イ　日中平和友好条約の締結

ウ　朝鮮戦争の開戦　　エ　アメリカ同時多発テロの発生

▶▶▶▶ 実戦問題 ◀◀◀◀

1 アメリカ合衆国の成り立ちやアメリカ合衆国と日本のかかわりについて，次の問いに答えなさい。 （大阪学芸高）

(1) ヨーロッパの人々にアメリカ大陸の存在が認識されたのは，コロンブスがカリブ海のバハマ諸島に到達したことがきっかけである。コロンブスがバハマ諸島に到達したころの日本のできごとについて述べた文として最も適切なものを，次の**ア**～**エ**から１つ選び，記号で答えなさい。（　　　）

ア　対立していた京都の北朝と吉野の南朝が合一された。

イ　国ごとに守護，荘園や公領に地頭を置くことを朝廷が許可した。

ウ　一向宗の信者が北陸の加賀で一揆をおこし，守護大名を倒した。

エ　長篠の戦いで，鉄砲を使った戦術により，織田信長が武田氏を破った。

(2) 北アメリカの大西洋沿岸では，イギリスからの移民が13の植民地をつくり，自治を行っていたが，イギリス本国の政策への不満から，1775年に独立を求めて戦争をおこした。植民地の人々は，1776年に独立宣言を発表し，独立戦争に勝利した結果，アメリカ合衆国が成立した。独立戦争における植民地軍の総司令官であり，アメリカ合衆国の初代大統領となった人物を答えなさい。（　　　　）

(3) アメリカ合衆国が成立したころ，日本は鎖国政策をとっていた。鎖国下の日本では，通商を求めて日本に来航したアメリカ合衆国の商船モリソン号が撃退される事件がおこった。この事件のころのできごとについて述べた文として最も適切なものを，次の**ア**～**エ**から１つ選び，記号で答えなさい。

（　　　）

ア　間宮林蔵が樺太を探検し，島であることを確認した。

イ　蘭学者である渡辺崋山，高野長英らが処罰された。

ウ　キリスト教に関係のない洋書の輸入が認められた。

エ　九州地方で島原・天草一揆がおこった。

(4) アメリカ合衆国の使節ペリーの来航をきっかけに日本は開国し，その後，アメリカ合衆国など５か国と通商条約を結んだ。次の問いに答えなさい。

① この通商条約を結んだ井伊直弼が幕府で就いていた役職として最も適切なものを，次の**ア**～**エ**から１つ選び，記号で答えなさい。（　　　）

ア　大老　　**イ**　老中　　**ウ**　執権　　**エ**　長崎奉行

② この通商条約が結ばれて間もなく，アメリカ合衆国で「Civil War（内戦）」と呼ばれる戦争が始まった。このころのアメリカ合衆国のようすについて述べた，次のP・Qの文について正誤を判定し，後のア～エから適切なものを1つ選び，記号で答えなさい。（　　　）

P　この戦争が始まる前，工業が比較的発達していたのは，北部よりも南部の州だった。

Q　西部への開拓が進み，19世紀半ばには領土が太平洋沿岸まで到達した。

ア　P，Qともに正しい。

イ　Pは正しいが，Qは誤っている。

ウ　Pは誤っているが，Qは正しい。

エ　P，Qともに誤っている。

③ この通商条約は，日本にとって不平等な内容がふくまれており，その改正は，日本の大きな課題となった。次の(i)～(iii)は，不平等条約の改正交渉が行われていたころにおこったできごとについて述べたものである。(i)～(iii)を年代の古いものから順に並べかえると，どのような順序になるか。後のア～カから正しいものを1つ選び，記号で答えなさい。（　　　）

(i)　日英同盟が結ばれた。

(ii)　下関条約が結ばれた。

(iii)　韓国併合が行われた。

ア　(i)→(ii)→(iii)　　**イ**　(i)→(iii)→(ii)　　**ウ**　(ii)→(i)→(iii)

エ　(ii)→(iii)→(i)　　**オ**　(iii)→(i)→(ii)　　**カ**　(iii)→(ii)→(i)

(5)　江戸幕府の滅亡後に成立した明治新政府は，近代化をめざしてアメリカ合衆国やヨーロッパの国々の技術者や学者などを招き，農業，軍事，医学，芸術などについて，欧米の幅広い知識や技術を取り入れようとした。このとき招かれた外国人の一人で，岡倉天心とともに日本美術の復興に力を尽くしたアメリカ人はだれか，答えなさい。（　　　　　）

(6)　第一次世界大戦後，アメリカ合衆国の大統領ウィルソンの提唱により，国際連盟が設立された。次の表Ⅰは，日本，アメリカ合衆国，イギリス，ドイツ，イタリアの国際連盟との関わりを示したものである。アメリカ合衆国と日本にあてはまるものを，表Ⅰ中のア～オから1つずつ選び，記号で答えなさい。アメリカ合衆国（　　　）　日本（　　　）

表Ⅰ

国	国際連盟との関わり
ア	加盟期間：1926年〜1933年
イ	加盟期間：1920年〜1937年
ウ	加盟期間：1920年〜1933年
エ	不参加
オ	加盟期間：1920年〜1946年

※国際連盟は，1946年4月20日に解散された。

(7) 第二次世界大戦では，日本とアメリカ合衆国は敵対国となった。大戦後の世界は，アメリカ合衆国を中心とする陣営とソ連を中心とする陣営に分かれ，冷戦と呼ばれる厳しい対立が続いた。1951年に日米安全保障条約を締結した日本は，アメリカ合衆国の陣営に入った。次の表Ⅱは，冷戦中の1965年に本格化した戦争における対立関係を示したものである。表Ⅱ中の □ に共通してあてはまる国名を答えなさい。(　　　　　)

表Ⅱ

戦争の当事国		支援していた国
□民主共和国（北□）	←	ソ連，中国
↕		↕
□共和国（南□）	←	アメリカ合衆国

↔：対立　←：支援

2 次のA〜Dのカードは，かおりさんが社会科の授業で「幕末(ばくまつ)以降の日本と国際社会との関わり」についてまとめたものの一部です。これらを読み，後の問いに答えなさい。　(和歌山県)

A　開港と貿易の始まり
　1858年，幕府は日米修好通商条約(にちべいしゅうこうつうしょうじょうやく)を締結しました。これにより，函館(はこだて)などの港が開かれⓐ貿易が始まると，国内産業は打撃を受け，人々の生活は苦しくなりました。

B　不平等条約(ふびょうどうじょうやく)の改正交渉
　明治政府は，欧米と対等な地位を得るために，江戸幕府が結んだ不平等条約の改正交渉に積極的に取り組みました。ⓑ条約内容の改正がすべて実現したのは，1911年のことでした。

C　欧米諸国とともにシベリアに出兵(しゅっぺい)
日本は，ロシアで起こった革命による社会主義の影響の拡大を恐れて，1918年にイギリス，アメリカなどとともに ⓒ シベリア出兵を行いました。

D　自衛隊(じえいたい)の国際貢献
冷戦後，経済援助だけでなく，世界平和の面での国際貢献を求められた日本は，1992年，ⓓ 国連平和維持活動(こくれんへいわいじかつどう)に初めて自衛隊の部隊を派遣しました。

(1)　文中の下線ⓐに関し，次の説明文は，開国後の日本の経済について述べたものです。説明文中の［X］，［Y］にあてはまる語を，書きなさい。

X（　　　　　）　Y（　　　　　）

説明文

開国した当初，欧米と日本におけるそれぞれの金と銀の交換比率は，表のようになっていました。この交換比率の違いを利用して，外国人は自国の［X］を日本に持ちこみ，日本の［Y］に交換して自国に持ち帰りました。そこで幕府は，貨幣の質を落として［Y］の流出を防ぎましたが，物価は急速に上昇し，生活にいきづまる民衆が増え，幕府への不満は高まっていきました。

表

欧米の交換比率
金 1：銀 15

日本の交換比率
金 1：銀 5

(2)　文中の下線ⓑに関し，次のア～エは，条約内容の改正がすべて実現するまでのできごとについて述べたものです。これらのできごとを年代の古い順に並べるとどのようになりますか，その記号を順に書きなさい。

（　　→　　→　　→　　）

ア　井上馨(いのうえかおる)は，鹿鳴館(ろくめいかん)を建設して欧化政策(おうかせいさく)をとった。
イ　陸奥宗光(むつむねみつ)は，イギリスと交渉して，領事裁判権(りょうじさいばんけん)の撤廃に成功した。
ウ　岩倉具視(いわくらともみ)は，使節団の代表として欧米に派遣された。
エ　小村寿太郎(こむらじゅたろう)は，アメリカと交渉して，関税自主権(かんぜいじしゅけん)の回復に成功した。

(3)　文中の下線ⓒに関し，シベリア出兵に向けた米の買い付けなどによって，米の値段が急上昇しました。それにより，全国で米の安売りを求める民衆が米屋などを襲う事件が起こり，その鎮圧に軍隊が出動しました。このできごとを何といいますか，書きなさい。（　　　　　）

(4)　文中の下線ⓓに関し，自衛隊がこれまでに派遣された国を，次のア～エの中から1つ選び，その記号を書きなさい。（　　）

ア　アフガニスタン　　**イ**　キューバ　　**ウ**　ベトナム　　**エ**　カンボジア

7 社会経済史－古代～近世－ 近道問題

▶▶▶▶▶ 1問1答 ◀◀◀◀◀ 次の[　　]に適当な語句を書きなさい。

(1) 漢の領土拡大により，オアシスを結ぶ交通路を利用して西方との交流がすすみ，西方から馬やぶどう・仏教などが伝えられ，中国の**絹**が地中海方面まで運ばれた。この道を何というか。 [　　]

(2) **古墳時代**に大陸から移り住み，高度な技術や文化をもたらして日本に大きな影響を与えた人々を何というか。 [　　]

(3) 富本銭につづき，本格的な貨幣として**708年**につくられた貨幣を何というか。 [　　]

(4) 奈良時代に**墾田永年私財法**が出された後に広まった，貴族や皇族らの私有地のことを何というか。 [　　]

(5) 鎌倉時代ごろには西日本に広まった，稲の裏作に麦などをつくる農業の形態を何というか。 [　　]

(6) 1297年，鎌倉幕府は御家人たちの**借金を帳消しにする法令**を出したが，かえって混乱をまねいた。この法令を何というか。 [　　]

(7) それまで有力な寺社や公家の保護下にあった商業活動を，だれでも自由に行えるようにした，**織田信長**の政策を何というか。 [　　]

(8) 全国を統一した**豊臣秀吉**は，土地を石高であらわすという新しい方法で検地をさせたが，このことを何というか。 [　　]

(9) 江戸幕府が，年貢の収納や犯罪防止のため，農村につくらせて**連帯責任**を負わせた組織を何というか。 [　　]

(10) 江戸時代，全国の藩が年貢米や特産物を売りさばくため，商業の中心地だった**大阪**に建てたものを何というか。 [　　]

(11) 江戸時代には，**千歯こき・とうみ**などの他に，土を深く耕すことができるくわが使われた。このくわを何というか。 [　　]

(12) 江戸時代の問屋の中には営業を独占する集団組織をつくる者もいたが，その組織を何というか。 [　　]

▶▶▶▶ 4択問題 ◀◀◀◀

(1) 雑徭の説明として正しいものを，次のア～エから1つ選びなさい。(　　　)
(京都明徳高)

ア　1年間，都の警備を行う。
イ　都で10日間の労役を行う。
ウ　国司のもとで60日間以内の労役を行う。
エ　60日交替で国府や関所の警備を行う。

(2) 日本で発行された和同開珎は，どの国の貨幣にならってつくられたか。次のア～エから1つ選びなさい。(　　　)　(広島県)

ア　秦　　イ　隋　　ウ　唐　　エ　元

(3) 鎌倉時代の農業や商業の特徴にあてはまらないものを，次のア～エから1つ選びなさい。(　　　)　(福岡大付大濠高)

ア　二毛作が行われた。　　イ　草木灰が使用された。
ウ　定期市が開かれた。　　エ　明銭が流通した。

(4) 室町幕府が税を課した，お金の貸し付けなどを行っていた金融業者を何というか。次のア～エから1つ選びなさい。(　　　)　(山口県[改題])

ア　土倉　　イ　飛脚　　ウ　惣　　エ　倭寇

(5) 太閤検地の際の検地帳に記録されていることとして適当でないものを，次のア～エから1つ選びなさい。(　　　)　(奈良学園高[改題])

ア　土地のよしあしと種類　　イ　土地の面積
ウ　収穫高　　エ　荘園領主である公家や寺社などの名

(6) 江戸時代の五街道にあてはまらないものを，次のア～エから1つ選びなさい。
(　　　)(橿原学院高[改題])

ア　日光街道　　イ　甲州街道　　ウ　東海道　　エ　水戸街道

(7) 江戸幕府の歴代将軍が行った政策に関する説明文①・②の正誤の正しい組み合わせを，後のア～エから1つ選びなさい。(　　　)　(九州国際大付高)

①　5代将軍徳川綱吉は，金の含有量を増やした慶長小判を鋳造(ちゅうぞう)させ，財政難を解消した。
②　8代将軍徳川吉宗は，天保の改革により幕府の収入を増加させた。

ア　①―正　②―正　　イ　①―正　②―誤
ウ　①―誤　②―正　　エ　①―誤　②―誤

▶▶▶▶ 実戦問題 ◀◀◀◀

1 はるかさんは，我が国の各時代の土地について調べ，その内容をノートにまとめた。次の資料Ⅰは，そのノートの一部である。この資料Ⅰを見て，後の問いに答えなさい。 （高知県）

資料Ⅰ

時代	土地について調べたこと
平安時代	農民が土地を離れ逃亡したり，戸籍をいつわったりして，戸籍は実態と合わなくなり，班田収授の実施が困難となった。藤原氏などの①貴族の荘園が各地で増えた。
②鎌倉時代	地頭による荘園の支配が進んだ。稲と麦の二毛作が始まるなど，農業技術が進歩し生産が高まった。
安土桃山時代	田畑の面積や収穫高，耕作者などを調べる③太閤検地が行われた。

(1) 資料Ⅰ中の下線部①に「貴族」とあるが，平安時代の貴族たちによって，唐風の文化を日本の風土や生活に合わせようとする工夫がされ，国風文化が発達した。この国風文化が栄えた時期に，『源氏物語』を著した人物は誰か，書きなさい。（　　　　）

(2) 資料Ⅰ中の下線部②に「鎌倉時代」とあるが，元寇の後，鎌倉幕府は，生活が困窮した御家人を救済するために徳政令を出した。この徳政令はどのようなことを定めた法令か，「領地」の語を使って，簡潔に書きなさい。
（　　　　　　　　　　　　　　　　　　　　　　　　　　　　）

(3) 資料Ⅰ中の下線部③の「太閤検地」について述べた文として誤っているものを，次のア～エから１つ選び，その記号を書きなさい。（　　　）

ア 検地の調査結果は，検地帳に記録された。
イ 農民は，石高に応じた年貢を納めることになった。
ウ 武士は，自分の領地の石高に応じて軍事上の負担を負うことになった。
エ 荘園の領主である公家や寺社は，もっていた土地の権利をすべて認められた。

2 次のメモは，ゆきこさんが「日本の農業の歴史」について調べて作成したものである。これを見て，後の各問いに答えなさい。 （石川県）

古代	・稲作が伝わり，水田近くに①ムラがつくられた。 ・戸籍がつくられ，人々に②口分田が与えられた。
中世	・有力な③農民を中心に，自治組織がつくられた。
近世	・④江戸時代には，幕府が田で米以外の作物を栽培することを制限した。

(1)　下線部①には，資料1のような建物がつくられた。これを何というか，次のア～エから1つ選び，その符号を書きなさい。(　　　)

ア　蔵屋敷　　　イ　高床倉庫

ウ　たて穴住居　　エ　文化住宅

資料1

(2)　下線部②について，次の①，②に答えなさい。

①　資料2は，当時の戸籍の一部である。この戸籍にもとづいて，口分田が与えられたのは，資料にある6人のうち何人か，人数を書きなさい。(　　　人)

資料2　721年につくられた戸籍

夫	孔王部真熊（あなほべまくま）	四十九歳
妻	孔王部大根売（おねめ）	五十一歳
男	孔王部古麻呂（こまろ）	十四歳
女	孔王部佐久良売（さくらめ）	二十九歳
女	孔王部猪売（いめ）	二十歳
女	孔王部嶋津売（しまづめ）	三歳

（「正倉院文書」より。表現はわかりやすく改めた）

②　朝廷は，口分田が不足してくると墾田永年私財法を出して，開墾した土地の私有権を認めた。これにより貴族や寺社などが私有地を広げていったが，このような土地を何というか，書きなさい。(　　　　)

(3)　下線部③について，資料3は，団結した農民たちの行動の様子が書かれたものである。農民たちがこのような行動をとった目的は何か，資料にある酒屋と土倉が共通して営んでいた仕事の内容にふれて書きなさい。(　　　　　　　　)

資料3

農民たちが一斉に暴動を起こした。徳政と言いたて，酒屋・土倉などを襲い，さまざまなものを勝手に奪いとった。

（「大乗院日記目録」より。表現はわかりやすく改めた）

(4)　下線部④の時代に見られた農業の様子について，次のア～エのうち，適切な文を2つ選び，その符号を書きなさい。(　　　)(　　　)

ア　同じ田畑で米と麦を交互に栽培する二毛作が始まった。

イ　牛馬や鉄製の農具を使った農業が始まった。

ウ　千歯こきが発明され，効率よく脱穀ができるようになった。

エ　干したいわしを，肥料用に購入するようになった。

8 社会経済史－近代～現代－ 近道問題

▶▶▶▶ 1問1答 ◀◀◀◀ 次の［　　］に適当な語句を書きなさい。

(1) **蒸気機関**の発達を背景に，イギリスが世界で最初に達成したこととは何か。［　　］

(2) 明治新政府は，全国の土地に地価を定めて土地所有者にその**3％**を現金で納めさせるようにした。このことを何というか。［　　］

(3) 渡良瀬川に流れ出した鉱毒が，流域の農作物や人々の生活に被害を与えた**日本最初の公害事件**がおこった鉱山はどこか。［　　］

(4) 日清戦争の勝利で得た賠償金の一部で**北九州**につくられ，1901年に操業を開始した製鉄所を何というか。［　　］

(5) 1918年，**シベリア出兵**に関連して米価が急騰したことに対し，富山県の漁村から全国に広まった暴動を何というか。［　　］

(6) 1929年，ニューヨークの株式市場で株価が暴落して始まった**世界恐慌**への対抗策として，アメリカ合衆国が公共事業の増大や失業者に対する救済活動などを行った政策を何というか。［　　］

(7) 世界恐慌に対して**イギリスやフランス**がとった植民地との関係を強化した保護貿易政策を何というか。［　　］

(8) 太平洋戦争後の日本で，地主の土地を政府が買い上げて小作人に安く売り渡した政策を何というか。［　　］

(9) (8)と同じく太平洋戦争後の日本の民主化政策として，多くの企業を所有する集団が解散させられた。これを何というか。［　　］

(10) **池田勇人**首相が掲げた経済政策で，日本の高度経済成長の後押しに役立った計画を何というか。［　　］

(11) 高度経済成長がすすんだころ，日本では**公害問題**が深刻化した。その対策として，1967年に制定された法律を何というか。［　　］

(12) **1980年代後半**に，土地や株式の価格が実際の価値以上に上昇して，おこった好景気を何というか。［　　］

▶▶▶▶ 4択問題 ◀◀◀◀

(1)　産業革命は綿花から綿糸をつくる産業や綿糸から布をつくる産業で始まりました。綿花から綿糸をつくる産業を何というか。次のア～エから1つ選びなさい。(　　　)　　(関西大倉高)

ア　織物業　　イ　養蚕業　　ウ　製糸業　　エ　紡績業

(2)　1872年にわが国でおこったできごとについて述べた文として正しいものを，次のア～エから1つ選びなさい。(　　　)　　(大阪府)

ア　初めてラジオ放送が行われた。

イ　官営の八幡(やはた)製鉄所が操業を開始した。

ウ　初めて新橋(しんばし)・横浜(よこはま)間に鉄道が開通した。

エ　シベリア出兵などの影響により米価が急上昇した。

(3)　地租改正について述べた文として適切なものを，次のア～エから1つ選びなさい。(　　　)　　(群馬県)

ア　税率は毎年変化した。

イ　税を現金で納めさせた。

ウ　収穫高を基準にして税をかけた。

エ　国が全ての土地を所有することとなった。

(4)　ニューディール政策を行ったアメリカ大統領の名前を，次のア～エから1つ選びなさい。(　　　)　　(華頂女高)

ア　フランクリン・ルーズベルト　　イ　ケネディ

ウ　マッカーサー　　エ　ウィルソン

(5)　第二次世界大戦中の日本の国民の生活について述べた文として適当でないものを，次のア～エから1つ選びなさい。(　　　)　　(奈良育英高)

ア　国内では兵器の生産が最優先され，日用品の生産は減少した。農村でも人手や肥料の不足で食料生産が減少した。

イ　政府は，米の配給を減らして節約と工夫を求め，鉄くずなどの資源の徹底的回収と利用をはかった。

ウ　成人男性の多くが，兵士として戦場に送られ，兵役が猶予されていたのは大学生だけだった。

エ　1944年に学徒勤労令がだされ，中学生相当の年齢以上の全員が強制的に就労させられた。

▶▶▶▶ 実戦問題 ◀◀◀◀

1 略年表を見て，次の問いに答えなさい。

（栃木県）

時代	世界と日本のおもなできごと	
明治	富岡製糸場の開業	↑
	八幡製鉄所の操業開始	A
大正	第一次世界大戦がおこる	↓
	ⓐ日本経済が好況となる	
昭和	世界恐慌がおこる	↑
	ポツダム宣言の受諾	↓ B
	朝鮮戦争による特需景気	↑
	大阪万国博覧会の開催	↓ C
	ⓑ中東戦争がおこる	

(1) Aの時期の社会状況として当てはまらないのはどれか，答えなさい。(　　　)

ア　産業が発展し，足尾銅山鉱毒事件などの公害が発生した。

イ　人をやとい，分業で製品を生産する工場制手工業が始まった。

ウ　三菱などの経済界を支配する財閥があらわれた。

エ　資本主義の発展により，工場労働者があらわれた。

(2) 下線部ⓐに関して，次の文中の［　Ⅰ　］，［　Ⅱ　］に当てはまる語の組み合わせとして正しいのはどれか，答えなさい。(　　　)

> 第一次世界大戦の戦場となった［　Ⅰ　］からの輸入が途絶えたことにより，日本国内の造船業や鉄鋼業などの［　Ⅱ　］工業が成長した。

ア　Ⅰ—アメリカ　　Ⅱ—重化学　　イ　Ⅰ—アメリカ　　Ⅱ—軽

ウ　Ⅰ—ヨーロッパ　　Ⅱ—重化学　　エ　Ⅰ—ヨーロッパ　　Ⅱ—軽

(3) Bの時期におきたできごとを年代の古い順に並べ替えなさい。

(　　→　　→　　→　　)

ア　学徒出陣が始まった。　　イ　アメリカが対日石油輸出禁止を決定した。

ウ　満州国が建国された。　　エ　国家総動員法が制定された。

(4) Cの時期に家庭に普及したのはどれか，答えなさい。(　　　)

ア　電気冷蔵庫　　イ　携帯電話　　ウ　パソコン　　エ　クーラー

(5) 下線部ⓑのできごとによりおきた，原油価格の急激な上昇を何というか，答えなさい。(　　　　)

2 次のA・Bは，ある生徒が近代から現代までの日本の経済について，まとめたカードである。後の問いに答えなさい。

（青森県）

A	㋐世界恐慌からの回復
深刻な打撃を受けた日本の経済は諸外国と比べて，いち早く不況から立ち直った。㋑重化学工業が発展し，急速に成長した新しい財閥(ざいばつ)が，朝鮮や満州に進出した。	

B	㋒
経済面では，財閥が解体されたり，労働者の団結権を認める労働組合法，労働条件の最低基準を定める労働基準法が制定されたりした。農村では，㋓農地改革が行われた。	

(1)　㋐＿＿について，次の①，②に答えなさい。

①　㋐＿＿への対策として，アメリカが始めた政策の名称を書きなさい。

(　　　　　)

②　㋐＿＿が起こった後のできごととして適切でないものを，次のア～エの中から１つ選び，その記号を書きなさい。(　　　)

ア　陸軍の青年将校たちが二・二六事件を起こした。

イ　原敬(はらたかし)が本格的な政党内閣を組織した。

ウ　関東軍が柳条湖事件(りゅうじょうこじけん)を起こした。

エ　近衛文麿(このえふみまろ)内閣が国家総動員法を制定した。

(2)　㋑＿＿する基礎となった，日清戦争の賠償金(ばいしょうきん)を基に建設された官営工場を何というか，書きなさい。(　　　　　)

(3)　㋒ に入る内容として適切なものを，次のア～エの中から１つ選び，その記号を書きなさい。(　　　)

ア　地租改正(ちそかいせい)　　　イ　高まる自由民権運動(じゆうみんけんうんどう)

ウ　殖産興業(しょくさんこうぎょう)政策　　　エ　戦後の民主化

(4)　資料は㋓＿＿による自作地と小作地の割合の変化を表している。㋓＿＿の内容を，資料を参考にして，次の２語を用いて書きなさい。

資料

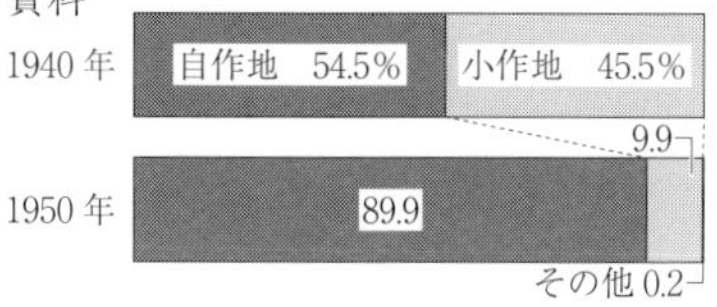

〔「完結昭和国勢総覧」などによる〕

(　　　　　　　　　　　　　　　　)

政府　　小作人

9 文化史 近道問題

▶▶▶▶ 1問1答 ◀◀◀◀ 次の[　　]に適当な語句を書きなさい。

(1) **四大文明**にあたるのは，エジプト・インダス・中国（黄河）の各文明とあと１つは何か。[　　]

(2) **古墳**の頂上や斜面に並べられた人や動物などの形や筒型をした素焼きの土器を何というか。[　　]

(3) 奈良時代の**聖武天皇**のころ栄えた文化を何というか。[　　]

(4) 美しい庭園をとり入れ，内部を**大和絵**でかざるなどした，貴族の邸宅などに用いられた建築様式を何というか。[　　]

(5) **藤原頼通**が京都の宇治に建てた，平安時代の代表的な阿弥陀堂建築とは何か。[　　]

(6) 鎌倉時代に，**琵琶法師**が楽器を弾きながら，武士や民衆に広めた軍記物とは何か。[　　]

(7) **14世紀**，ギリシャやローマの文化を復興し，人間の創造性を重んじる動きがヨーロッパで始まったが，これを何というか。[　　]

(8) 室町時代に広まった，建物の中をふすまや障子でしきり，**床の間**を置くなどした建築様式を何というか。[　　]

(9) **元禄文化**が栄えたころ，浮世絵の祖といわれる菱川師宣が描いた肉筆画の代表作を何というか。[　　]

(10) **化政文化期**にはある都市が文化の中心となった。この都市とはどこか。[　　]

(11) **『古事記伝』**をあらわし，古典や和歌の研究を通して日本の古代精神を探究する国学を大成したのはだれか。[　　]

(12) 明治時代に欧米の文化が盛んに取り入れられるようになり，日本の伝統的な生活などが変化したことを何というか。[　　]

(13) **湯川秀樹**が受賞した物理学賞をはじめ，化学や生理学・医学，文学，経済，平和の分野で功績を残した人物に贈られる賞は何か。[　　]

▶▶▶▶ 4択問題 ◀◀◀◀

(1)　古墳時代の代表的な遺物を，次のア～エから１つ選びなさい。(　　　)
(福岡大付大濠高)

ア　須恵器　　イ　土偶　　ウ　銅鐸　　エ　和同開珎

(2)　平安時代に書かれた文学作品として適切なものを，次のア～エから１つ選びなさい。(　　　)　(近江兄弟社高)

ア　古事記　　イ　方丈記　　ウ　御伽草子　　エ　源氏物語

(3)　鎌倉時代に日本に広まった新しい仏教の１つとして，阿弥陀如来の救いを信じる心を強調した宗教を，次のア～エから１つ選びなさい。(　　　)
(清明学院高)

ア　臨済宗　　イ　時宗　　ウ　浄土真宗　　エ　曹洞宗

(4)　北山文化・東山文化について述べた文として正しいものを，次のア～エから１つ選びなさい。(　　　)　(上宮高)

ア　水墨画がさかんになり，禅僧の栄西は「秋冬山水図」などの名作を残した。

イ　観阿弥と世阿弥によって大成された能の合間に，連歌が詠(よ)まれた。

ウ　畳を敷いて床の間を設ける書院造が生まれ，枯山水の手法で石庭がつくられた。

エ　『日本永代蔵』や『曽根崎心中』などの浮世草子が井原西鶴によって描かれた。

(5)　17世紀から18世紀にかけて活躍していた人物を，次のア～エから１つ選びなさい。(　　　)　(明星高[改題])

ア　近松門左衛門　　イ　千利休　　ウ　葛飾北斎　　エ　雪舟

(6)　江戸時代の文化について述べた文として正しいものを，次のア～エから１つ選びなさい。(　　　)　(清風高[改題])

ア　関孝和が日本独自の暦を完成させた。

イ　十返舎一九が『東海道中膝栗毛』を書いた。

ウ　新井白石は国学者として幕府の政治を批判した。

エ　歌川広重が「見返り美人」などの浮世絵を描いた。

(7)　「荒城の月」や「花」など唱歌として親しまれた多くの作品をつくった人物の名前を，次のア～エから１つ選びなさい。(　　　)　(関西大学高)

ア　黒田清輝　　イ　鈴木梅太郎　　ウ　滝廉太郎　　エ　森鷗外

▶▶▶▶ 実戦問題 ◀◀◀◀

1 次の【文章】①～④を読んで，後の問いに答えなさい。 （星翔高）

【文章】

① 錦絵という多色刷りの浮世絵の作品がつくられ，A 葛飾北斎，歌川広重が活躍しました。また，ヨーロッパの学問の知識を生かして，今と変わらないほど正確な地図がつくられました。

② 聖武天皇による仏教文化が栄えました。西アジアから中国を経由して日本にきた宝物は，この時代につくられた東大寺正倉院に収蔵されています。

③ ヨーロッパとの貿易によって入ってきた文化や戦国時代を生き抜いた大名たちによる豪華で雄大な文化が，豊臣秀吉が政治を行っていたころに花開きました。

④ 清少納言や紫式部などの藤原氏に仕えていた女性たちが，かな文字を用いて感情を豊かに表現した作品を残しました。

(1) 【文章】①～④を時代が古い順に並べかえなさい。

（　　→　　→　　→　　）

(2) 下線部Aに関して，葛飾北斎の作品を次から1つ選び，記号で答えなさい。

（　　）

ア 

イ 

ウ 

エ 

2　次の図1〜5を見て，それぞれに関する後の文章群（**ア**・**イ**）のうち，どちらか一方が誤っていれば，その記号を答えなさい。両方とも正しい場合は「**ウ**」，両方とも誤っている場合は「**エ**」と答えなさい。（浪速高）

(1)(　　　)　(2)(　　　)　(3)(　　　)　(4)(　　　)　(5)(　　　)

図1

図2

図3

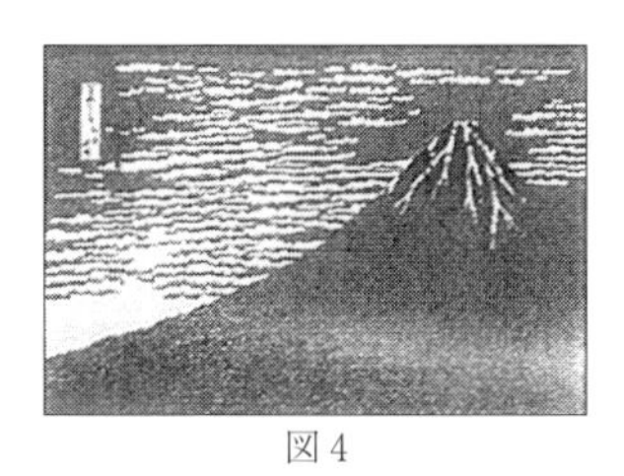
図4

図5

(1)**ア**；図1はハムラビ法典（ハンムラビ法典）の碑であり，甲骨文字が記されている。

イ；図1がつくられた時代にはメソポタミア文明がおこり，太陽暦がつくられた。

(2)**ア**；足利義満が図2を創建した。

イ；図2が建築された頃，応仁の乱が起こり，将軍の権威は衰えた。

(3)**ア**；横山大観は西洋画を学び，図3を描いた。

イ；図3が描かれた際には，日本でラジオ放送が始まっていた。

(4)**ア**；図4は葛飾北斎の風景画として有名である。

イ；図4が描かれた江戸時代には蘭学がおこり，杉田玄白らの『解体新書』が出版された。

(5)**ア**；図5がつくられた鎌倉時代には，栄西が開いた曹洞宗などの鎌倉仏教がおこった。

イ；東大寺南大門には運慶らによりつくられた図5がある。

10 年代順の問題・史料問題 近道問題

▶▶▶▶▶ 1問1答 ◀◀◀◀◀　次の［　　］に適当な語句を書きなさい。

(1) 高麗・新羅・李氏朝鮮のうち，最初に朝鮮半島を統一した王朝はどれか。［　　］

(2) 徒然草・方丈記・枕草子のうち，平安時代に成立した随筆はどれか。［　　］

(3) 老中・管領・執権のうち，江戸幕府で将軍の補佐役として設置された役職はどれか。［　　］

(4) 加賀の一向一揆・正長の土一揆・山城の国一揆のうち，最初におこったものはどれか。［　　］

(5) 天保の改革・享保の改革・寛政の改革のうち，**フランス革命**と年代が最も近いのはどれか。［　　］

(6) 日清戦争・日露戦争・第一次世界大戦のうち，陸奥宗光によって**治外法権**が撤廃された直後に始まった戦争はどれか。［　　］

(7) 「邪馬台国は，もと男子を王にしていたがある女子を立てて王とした。その名を**卑弥呼**という」。この史料の名称は何か。［　　］

(8) 「一．武士は，文武，弓馬の道に…はげむこと。一．幕府の許可がないかぎり婚姻を結んではならない。」この資料の名称は何か。［　　］

(9) 「人間は，生まれながらにして自由かつ平等な権利をもっている」。この条文から始まる史料の名称は何か。［　　］

(10) 「一．広ク会議ヲ興シ，万機公論ニ決スヘシ。一．上下ヲ一ニシテ盛ニ経綸ヲ行フヘシ。」この史料の名称は何か。［　　］

(11) 「第１条　清国は朝鮮国が完全無欠な独立自主の国であることを確認する。第４条　清国は軍費賠償金として２億両を日本国に支払うことを約束する。」この条約を何というか。［　　］

(12) 「元始　女性は実に太陽であった。」この書き出しで始まる宣言文が載せられた雑誌は何か。［　　］

▶▶▶▶ 4択問題 ◀◀◀◀

⑴　江戸幕府の政治の中心となった人物を年代順に並べたものを，次のア～エから１つ選びなさい。(　　　)　(大阪夕陽丘学園高)

ア　徳川吉宗→田沼意次→水野忠邦→松平定信
イ　徳川吉宗→田沼意次→松平定信→水野忠邦
ウ　田沼意次→徳川吉宗→水野忠邦→松平定信
エ　田沼意次→徳川吉宗→松平定信→水野忠邦

⑵　第二次世界大戦におけるa～dのできごとを古い順に並べ替えたとき，正しい順番になるものを，後のア～エから１つ選びなさい。(　　　)　(筑陽学園高)

a　日本がハワイの真珠湾を攻撃した。
b　ナチスドイツがパリを攻め落とし，フランスが降伏した。
c　ベルリンが陥落し，ナチスドイツが連合国に降伏した。
d　日本がポツダム宣言を受諾した。

ア　a→b→c→d　　イ　a→b→d→c
ウ　b→a→c→d　　エ　b→a→d→c

⑶　十七条の憲法の内容の一部を示したものとして最も適切なものを，次のア～エから１つ選びなさい。(　　　)　(鳥取県)

ア　広く会議を興(おこ)し，万機公論(ばんきこうろん)に決(けっ)すべし。
イ　詔(みことのり)を承(うけたまわ)りては必ず謹(つつし)め。
ウ　喧嘩(けんか)の事，是非(ぜひ)に及(およ)ばず成敗(せいばい)を加ふべし。
エ　文武弓馬(ぶんぶきゅうば)の道，専(もっぱ)ら相嗜(あいたしな)むべき事。

⑷　貞永式目の条文として正しいものを，次のア～エから１つ選びなさい。
(　　　)　(帝塚山高)

ア　諸国の百姓が刀やわきざし，弓，やり，鉄砲，そのほかの武具などをもつことはかたく禁止する。
イ　武士が20年のあいだ，実際に土地を支配しているならば，その権利を認める。
ウ　すべての有力な家臣は，一乗谷に引っ越し，村には代官をおくようにしなさい。
エ　日本は神国であるから，キリスト教国から邪教を伝え広められるのは，たいへんよろしくない。

▶▶▶▶ 実戦問題 ◀◀◀◀

1 次の史料を読んで，各問いに答えなさい。（仁川学院高）

> 『ドイツ人医師ベルツの日記』
> ①二月九日（東京）
> 東京全市は，十一日の②憲法発布をひかえてその準備のため，言語に絶したさわぎを演じている。いたるところ，奉祝門，照明（イルミネーション），行列の計画。だが，滑稽（こっけい）なことには，誰も③憲法の内容をご存じないのだ。

(1) 下線部①について，これは西暦何年のことですか。解答欄に従って答えなさい。（　　　　年）

(2) 下線部②について，この憲法が発布されるまでの出来事a・b・cを年代の古い順に並べたとき，正しいものを後のアからカの中から1つ選んで記号で答えなさい。（　　）

a　内閣制度創設　　b　西南戦争がおこる　　c　地租改正の実施

ア　a→b→c　　イ　a→c→b　　ウ　b→a→c
エ　b→c→a　　オ　c→a→b　　カ　c→b→a

(3) 下線部③について，次の条文の（ 1 ）から（ 3 ）に入る語句をそれぞれ漢字2字で答えなさい。1［　］ 2［　］ 3［　］

> 第1条　大日本帝国ハ万世一系ノ天皇之ヲ統治ス
> 第3条　天皇ハ（ 1 ）ニシテ侵スヘカラス
> 第11条　天皇ハ（ 2 ）軍ヲ統帥ス
> 第29条　日本臣民ハ（ 3 ）ノ範囲内ニ於テ言論著作印行集会及結社ノ自由ヲ有ス

(4) 上の史料で触れられている憲法に関して説明した文のうち，誤っているものを，次のアからエの中から1つ選んで記号で答えなさい。（　　）

ア　天皇が国民にさずけるという形で発布された。
イ　憲法の草案は伊藤博文がつくり，政府の関係者だけで審議された。
ウ　君主権の強いドイツの憲法を参考にしてつくられた。
エ　天皇よりも大きな権限をもつ，貴族院と衆議院を置くことが定められた。

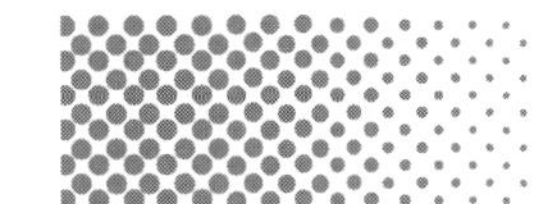

解答・解説

近道問題

1. 人物史

□ 1問1答 □

1 (1) 卑弥呼　(2) 聖徳太子　(3) 中大兄皇子　(4) 聖武天皇　(5) 行基　(6) 空海　(7) 紫式部　(8) 平将門　(9) 藤原道長　(10) 白河上皇（白河天皇）　(11) 平清盛　(12) 源頼朝　(13) 後醍醐天皇　(14) 足利義満　(15) 足利義政　(16) 雪舟　(17) 豊臣秀吉　(18) 徳川家康　(19) 徳川家光　(20) 徳川吉宗　(21) 田沼意次　(22) 杉田玄白　(23) 松平定信　(24) 大塩平八郎　(25) 水野忠邦

2 (1) 井伊直弼　(2) 坂本龍馬　(3) 徳川慶喜　(4) 西郷隆盛　(5) 津田梅子　(6) 板垣退助　(7) 福沢諭吉　(8) 伊藤博文　(9) 陸奥宗光　(10) 小村寿太郎　(11) 平塚雷鳥（平塚らいてう）　(12) 吉野作造　(13) 原敬　(14) 犬養毅　(15) 吉田茂　(16) 佐藤栄作

3 (1) ムハンマド　(2) 鑑真　(3) フビライ［＝ハン］　(4) ルター　(5) フランシスコ＝ザビエル　(6) ペリー　(7) リンカーン　(8) 孫文　(9) ガンジー　(10) ヒトラー　(11) マッカーサー

◇ 4択問題 ◇

(1) イ　(2) イ　(3) ア　(4) イ　(5) ウ　(6) イ　(7) ウ　(8) エ　(9) エ　(10) ア　(11) ア　(12) イ　(13) イ　(14) ウ　(15) ウ　(16) イ

■ 実戦問題 ■

1 (1) ① ア　② イ　(2) ① ウ　② 勘合　(3) ① 徳川家光　② エ

2 (1) 聖武天皇　(2) ルター　(3) スターリン　(4) 板垣退助　(5) 吉田茂　(6) 孫文　(7) 西郷隆盛　(8) リンカン　(9) 平塚らいてう　(10) コロンブス

◇ 解説 ◇

1 (1) ① 鑑真は奈良に唐招提寺を創建した僧。イは大仏づくりに協力した奈良時代の僧。ウは真言宗を開いた平安時代の僧。エは曹洞宗を開いた鎌倉時代の僧。② アは奈良時代に編さんされた地理誌。ウは奈良時代に編さんされた日本最古の和歌集。エは平安時代に紫式部によってかな文字を用いて著された長編小説。

(2) ① 執権は，代々北条氏が就任した役職。② 倭寇と区別するために用いられた。

(3) ② エは大正時代のようす。

2 (1) 墾田永年私財法を制定した天皇でもある。

(2)「95 カ条の論題」を発表し，聖書の教えに立ち返ることを説いた。

(3) スターリンはレーニンの死後，ソビエト連邦を支配した。

(4) 1874 年に政府に出された「民撰議院設立建白書」にも名を連ねていた。

(5) 日本国憲法の公布，施行の時の首相でもある。

(6)「三民主義」をかかげ，革命を成功させた。

(7) 江戸時代末には薩長同盟を結ぶために力を尽くした。

(8) アメリカ合衆国第 16 代大統領。ゲティスバーグで「人民の，人民による，人民のための政府は永久に地上から消えない。」という演説をした。

(9) 1920 年には市川房枝らと新婦人協会を結成した。

(10) スペイン女王の援助によって行われた。

2．年表問題

□ 1問1答 □

⑴ 5世紀　⑵ 743年　⑶ 894年　⑷ 11世紀　⑸ 1232年　⑹ 1467年　⑺ 1600年　⑻ 1840年　⑼ 1889年　⑽ 1925年　⑾ 1950年　⑿ 1973年　⒀ 2011年

◇ 4択問題 ◇

⑴ ウ　⑵ ア　⑶ ウ　⑷ エ　⑸ エ　⑹ イ

■ 実戦問題 ■

1 ⑴ エ　⑵ イ（→）エ　⑶ 建武　⑷ 幕府が外国船の打ち払いを命令した（同意可）

2 ⑴ 文明開化　⑵ 日英同盟　⑶ 20歳以上の男女に選挙権が与えられるようになったから。（同意可）

解説

1 ⑴ 推古天皇のおいの聖徳太子は，摂政として天皇中心の政治を目指した。「中大兄皇子」と「中臣鎌足」は，聖徳太子の死後に大化の改新を行った中心人物。

⑵ 院政の開始（1086年）から鎌倉幕府がほろびる（1333年）までのできごとを選ぶ。アは1467年，イは1167年，ウは1016年，エは1221年のできごと。

⑷ 18世紀末から，外国船による通商の要求などが相次ぎ，江戸幕府は異国船打払令を出していた。

2 ⑵ 同様の内容を含む四カ国条約が結ばれたために解消された。

⑶ 1925年以降1945年の法改正までは，25歳以上の男子のみに選挙権が与えられていた。

3．政治史―古代～近世の日本―

□ 1問1答 □

⑴ 十七条の憲法　⑵ 大化の改新　⑶ 大宝律令　⑷ 院政　⑸ 守護　⑹ 承久の乱　⑺ 建武の新政　⑻ 下剋上　⑼ 分国法（家法）　⑽ 兵農分離　⑾ 参勤交代　⑿ 島原・天草一揆（島原の乱）　⒀ 公事方御定書　⒁ 大政奉還

◇ 4択問題 ◇

⑴ イ　⑵ ウ　⑶ イ　⑷ エ　⑸ ウ　⑹ ア

■ 実戦問題 ■

1 ⑴ イ　⑵ エ

2 ⑴ 邪馬台国　⑵ ⓐ イ　ⓑ ア　⑶ 摂関政治　⑷ ア→イ→エ→ウ

解説

1 ⑵ アは弥生時代，イは平安時代，ウは安土桃山時代のようす。

2 ⑴ 所在地については，畿内説と九州説が有力であるとされているが，はっきりしていない。

⑵ 日本も630年（7世紀中ごろ）から遣唐使を派遣するようになっていた。

⑶ 藤原氏は，天皇が幼いころは摂政，成人後は関白として政治の実権をにぎった。

⑷ アは1612年，イは1635年，ウは1641年，エは1637年のできごと。

4．政治史―近代～現代の日本―

□ 1問1答 □

⑴ 王政復古の大号令　⑵ 版籍奉還　⑶ 廃藩置県　⑷ 徴兵令　⑸ 民撰議院設立の建白書　⑹ 西南戦争　⑺ 自由党　⑻ 治安維持法　⑼ 国家総動員法　⑽ ポツダム宣言　⑾ 日本国憲法　⑿ 佐藤栄作

◇４択問題◇

(1) エ　(2) ウ　(3) イ　(4) イ　(5) ウ

■実戦問題■

1 (1) 15　(2) 日清　(3) 田中正造　(4) 加藤高明　(5) 治安維持法

2 (1) 1．原敬　2．五・一五　3．大政翼賛　(2) ア　(3) ウ

◇ 解説 ◇

1 (1) 直接国税の大部分は地租であったため，有権者には地主が多かった。

(2) 1894年から1895年にかけて，日本と清が朝鮮支配をめぐって争った戦争。

(3) 明治天皇への直訴まで試みたことで知られている。

(4) 憲政会総裁となって第二次護憲運動をすすめ，1924年に首相になった。

(5) 国体を変革し，私有財産制度を否定する政治活動を禁止する法律で，労働運動や自由主義・平和主義の弾圧にもつながった。

2 (1) 1．寺内正毅内閣の後を受けて組閣し，「平民宰相」と呼ばれた人物。2．海軍の青年将校らが首相の犬養毅を暗殺した事件。3．首相の近衛文麿が中心となって結成した，国民を戦争に向けて統制するための組織。

(2) 蔣介石は毛沢東率いる共産党との内戦を停止して日本に対抗したが，第二次世界大戦後，共産党に敗れ台湾へ逃れた。**イ**は中華民国の初代大総統，**ウ**は豊臣秀吉が行った朝鮮出兵において朝鮮水軍を率いた将軍。

(3) 国際的に孤立していた日本は，アメリカやイギリスに対抗するため1940年に日独伊三国同盟を結んだ。**ア**は1933年，**イ**は1923年，**エ**は1925年のできごと。

5．外交史―古代～近世―

□１問１答□

(1) 漢委奴国王　(2) 隋　(3) 白村江の戦い　(4) 宋　(5) 北条時宗　(6) 勘合　(7) 南蛮貿易　(8) 天正遣欧少年使節　(9) 朱印船貿易　(10) 徳川家光　(11) [朝鮮]通信使　(12) 琉球王国　(13) 異国船打払令(外国船打払令)

◇４択問題◇

(1) イ　(2) イ　(3) ウ　(4) ウ　(5) ア　(6) イ　(7) ア

■実戦問題■

1 (1) ア　(2) イ

2 (1) 百済　(2) 大宰府　(3) 鎌倉　(4) シルクロード　(5) 阿倍仲麻呂　(6) 大化〔の〕改新　(7) 白村江の戦い　(8) ① 防塁　② 文永の役　③ 弘安の役　(9)〔永仁の〕徳政令

3 (1) ア　(2) オランダ(語)　(3) エ

◇ 解説 ◇

1 (1) 十三湊は平安時代から室町時代にかけて栄えた津軽半島にあった港町。**イ**は18世紀ごろから，**ウ**は16世紀後半から17世紀前半，**エ**は17世紀以降のこと。

(2) ① オスマン帝国は，15世紀半ばにビザンツ帝国を滅ぼし，バルカン半島や地中海東部に勢力を広げたイスラム王朝。② プロテスタントは，16世紀の宗教改革によって生まれた，聖書を元にした信仰を提唱した宗派。

2 (1) 日本に正式に仏教を伝えた国。

(3) 源頼朝がひらいた幕府。

(4) 中国で生産された絹が西方に運ばれる道(絹の道)でもあった。

(5)「最澄」と「空海」は遣唐使とともに中国に渡った留学僧で，帰国した後，最澄は天台宗，空海は真言宗を開いた。「菅原道真」は唐に渡っていない。

(6) 中大兄皇子と中臣鎌足が行った政治改革。
(7)「寧波の乱」は，1523年に中国の寧波でおきた細川氏と大内氏の争い。「刀伊の入寇」は，1019年に女真族が北九州を襲った事件。「関ヶ原の戦い」は，1600年に関ヶ原でおきた徳川家康が率いる東軍と石田三成が率いる西軍の争い。
(8) ① 1274年の文永の役の後に設けられた。②・③ 二度の襲来を合わせて「元寇」と呼んでいる。
(9) 借金の帳消しを認めた法令だったが，その経済的効果は低かった。
3 (1) アは江戸幕府が17世紀前半に始めた政策。
(2) 江戸時代には，ヨーロッパ諸国との交易はオランダに限られていたため，オランダ語を通じて西洋の技術や文化を学ぶ「蘭学」が発達した。
(3) ア．開港したのは，下田・箱館の2港。イ・ウ．日米修好通商条約の説明。

6．外交史—近代～現代—

□ 1問1答 □
(1) 日米和親条約　(2) 日米修好通商条約　(3) 三国干渉　(4) 義和団事件（北清事変）　(5) 日英同盟　(6) ポーツマス条約　(7) 韓国併合　(8) 二十一か条の要求　(9) ベルサイユ条約　(10) 満州国　(11) 日中戦争　(12) 日米安全保障条約　(13) 日ソ共同宣言
◇ 4択問題 ◇
(1) ア　(2) ア　(3) エ　(4) ウ　(5) イ　(6) ア　(7) エ　(8) ア
■ 実戦問題 ■
1 (1) ウ　(2) ワシントン　(3) イ　(4) ① ア　② ウ　③ ウ　(5) フェノロサ　(6)（アメリカ合衆国）エ　（日本）ウ　(7) ベトナム
2 (1) X．銀　Y．金　(2) ウ→ア→イ→エ　(3) 米騒動　(4) エ
◇ 解説 ◇
1 (1) コロンブスがバハマ諸島に到達したのは1492年。アは1392年，イは1185年，ウは1488年，エは1575年。
(3) モリソン号事件は1837年のできごと。アは1809年，イは1839年，ウは1720年，エは1637年。
(4) ① 大老は臨時に老中の上に置かれた幕府の最高職。② P．北部は工業や商業が発達し，南部は綿花プランテーションを中心とした農業が発達していた。③ (i)は1902年，(ii)は1895年，(iii)は1910年。
(6) アはドイツ，イはイタリア，オはイギリス。
(7) 1950年に始まった朝鮮戦争も，北朝鮮を中国やソ連が，韓国をアメリカやイギリスがそれぞれ支援する対立関係となっていた。
2 (1) 欧米では金貨1枚を得るのに銀貨15枚が必要だったが，日本では銀貨5枚で交換できたと考えるとよい。
(2) アは1883年，イは1894年，ウは1871年，エは1911年のできごと。
(3) 米騒動の責任をとって寺内正毅内閣が総辞職すると，原敬が本格的な政党内閣を初めて成立させた。
(4) PKO（国連平和維持活動）協力法が成立し，自衛隊が最初に派遣された国。

7．社会経済史―古代～近世―

□ 1問1答□

(1) シルクロード（絹の道） (2) 渡来人 (3) 和同開珎 (4) 荘園 (5) 二毛作 (6) [永仁の]徳政令 (7) 楽市・楽座 (8) 太閤検地 (9) 五人組 (10) 蔵屋敷 (11) 備中鍬 (12) 株仲間

◇ 4択問題◇

(1) ウ (2) ウ (3) エ (4) ア (5) エ (6) エ (7) エ

■実戦問題■

1 (1) 紫式部 (2) 売ったり質に入れたりして領地を失った御家人に，ただで領地を返させることを定めた法令。（同意可） (3) エ

2 (1) ウ (2) ① 5（人） ② 荘園 (3) お金の貸し付けを行っていた酒屋や土倉に借金の帳消しを求めるため。（同意可） (4) ウ・エ

◇ 解説 ◇

1 (3) 太閤検地では耕作する者に土地に対する権利が認められたため，公家や寺社が持つ荘園は消滅した。

2 (1) 地面を数十 cm 掘り下げて柱を立て，屋根をかけてつくられた。奈良時代ごろまで庶民の住居として使用されていた。

(2) ① 口分田は6歳以上の男女に与えられた。② 墾田永年私財法は聖武天皇によって出されたが，これにより公地公民制が崩れた。

(3) 資料3のような集団での行動を「一揆」といい，日本初の農民反乱である正長の土一揆が室町時代に起こった。

(4) 二毛作や牛馬耕は鎌倉時代くらいから始まった。鉄製の農具は弥生時代から使われていた。

8．社会経済史―近代～現代―

□ 1問1答□

(1) 産業革命 (2) 地租改正 (3) 足尾銅山 (4) 八幡製鉄所 (5) 米騒動 (6) ニューディール政策 (7) ブロック経済[政策] (8) 農地改革 (9) 財閥解体 (10) 国民所得倍増計画 (11) 公害対策基本法 (12) バブル景気

◇ 4択問題◇

(1) エ (2) ウ (3) イ (4) ア (5) ウ

■実戦問題■

1 (1) イ (2) ウ (3) ウ→エ→イ→ア (4) ア (5) 石油危機(または，オイルショック)

2 (1) ① ニューディール(または，新規まき直し)［政策］ ② イ (2) 八幡製鉄所 (3) エ (4) 地主が持つ小作地を政府が強制的に買い上げて，小作人に安く売りわたした。（同意可）

◇ 解説 ◇

1 (1) 1872年から1914年までの時期の社会状況に当てはまらないものを選ぶ。イの「工場制手工業」は，江戸時代後期から始まっていた。

(3) アは1943年，イは1941年，ウは1932年，エは1938年のできごと。

(4) 1950年代半ばから始まった高度経済成長期に普及した家電製品を選ぶ。アの電気冷蔵庫は1950年代後半ごろ，白黒テレビと電気洗濯機とともに「三種の神器」として普及した。

(5) 第四次中東戦争をきっかけに，1973年に第一次石油危機がおこった。

2 (1) ① ルーズベルト（ローズベルト）大統領のもとで始められ，農業や工業の生産を調整し，積極的に公共事業をおこして失業者を救済した。② 1929年より前のできごとを選ぶ。イは1918年のできごと。ア

は1936年，ウは1931年，エは1938年のできごと。

(2) 現在の福岡県北九州市に設立された。

(4)「小作人」とは，土地を持たず地主から土地を借りて，小作料を払って耕作などをする農民のことをいう。

9．文化史

□ 1問1答 □

(1) メソポタミア文明　(2) 埴輪　(3) 天平文化　(4) 寝殿造　(5) 平等院鳳凰堂　(6) 平家物語　(7) ルネサンス　(8) 書院造　(9) 見返り美人図　(10) 江戸　(11) 本居宣長　(12) 文明開化　(13) ノーベル賞

◇ 4択問題 ◇

(1) ア　(2) エ　(3) ウ　(4) ウ　(5) ア　(6) イ　(7) ウ

■ 実戦問題 ■

1 (1) ②→④→③→①　(2) エ

2 (1) エ　(2) イ　(3) エ　(4) ウ　(5) ア

◇ 解説 ◇

1 (1) ①は江戸時代，②は奈良時代，③は安土桃山時代，④は平安時代の文化について説明したもの。

(2) 浮世絵の「富嶽(ふがく)三十六景」を選ぶ。

2 (1) ア．「甲骨文字」は中国文明で使用された文字。正しくは「くさび形文字」。イ．「太陽暦」ではなく，太陰暦が正しい。

(2) イ．図2は鹿苑寺金閣。「応仁の乱」は，慈照寺銀閣を建てた足利義政の跡継ぎなどをめぐって起きた争い。

(3) ア．図3は明治時代に描かれた黒田清輝の作品。「横山大観」は日本画家。イ．「ラジオ放送」は大正時代の1925年に始まった。

(5) ア．「栄西」が開いたのは臨済宗。「曹洞宗」は道元が開いた。

10．年代順の問題・史料問題

□ 1問1答 □

(1) 新羅　(2) 枕草子　(3) 老中　(4) 正長の土一揆　(5) 寛政の改革　(6) 日清戦争　(7) 魏志倭人伝　(8) 武家諸法度　(9) [フランス]人権宣言　(10) 五箇条の[御]誓文　(11) 下関条約　(12) 青鞜

◇ 4択問題 ◇

(1) イ　(2) ウ　(3) イ　(4) イ

■ 実戦問題 ■

1 (1) 1889(年)　(2) カ　(3) 1. 神聖　2. 陸海　3. 法律　(4) エ

◇ 解説 ◇

1 (2) aは1885年，bは1877年，cは1873年の出来事。

(3) 大日本帝国憲法では天皇主権を定め，天皇大権も認められていた。

(4) 両院からなる帝国議会は，主権を持つ天皇の協賛機関であり，天皇の行為に対して同意を示す機関であった。